解讀虛偽自白

虚偽自白を読み解く

濱田壽美男

李怡修、洪士軒——譯

目次

推薦文

李茂生—臺灣大學法律學系名譽教授

一九九一年回國任教後不久，我接觸到了當年年初發生的蘇建和案，撲朔迷離的新聞報導，讓我完全無法掌握整個的案情與偵查、審判過程。之後，多次的更審，開始引起我的注意，且在剛剛成立的民間司法改革基金會的主導下，參與了救援活動，主要是擔當蘇案的事實認定與證據調查部分的評鑑。在公布這個民間司法改革基金會的評鑑報告（〈蘇建和案事實認定及證據調查述評〉，《月旦法學雜誌》十四期，一九九六年六月）前，我已經將自己對於蘇案偵查與審判過程的觀察所得，以學術論文的格式發表了〈自白與事實認定的結構〉一文，並刊登於《台大法學論叢》（二十五卷三期，一九九六年四月）。該文以極度濃縮的方式表達了對於自白的質疑，且於數年後二〇一五年翻譯出版的森炎著《冤罪論：關於冤罪的一百種可能》（教養としての冤罪論）中得到更進一步的鋪陳與細膩開展。

不論是〈自白與事實認定的結構〉或是《冤罪論》都指向一個傾向，此即自白是不值得信賴的證據，而且自白的作用就是將某案件所能蒐集到的物證予以串聯與解說的媒介，如果可以質疑自白的整合作用，則僅憑其他物證或供述證據，可能就不足以認定罪行。不過當年並無法確切地理解為何被嫌疑人會做出虛偽的自白，為何該自白明顯有邏輯上的錯誤，但卻被製作出來，且獲得法院的認證。多年後，這本不算新的濱田壽美男教授所著《解讀「虛偽自白」》一書，給了我近三十年的疑問一個心理學上的解答。

濱田教授的這本書透過了數起冤罪，包含著名的足利事件（菅家被告）、狹山事件（石川被告）、清水事件（袴田被告），以及其他較不出名的日野町事件（阪原被告）、名張事件又稱毒葡萄酒事件（奧西被告）、冰見事件（柳原被告）等，這些案件一部分是因為新的DNA鑑定等物證，甚至於真凶出現等，而獲得無罪的判決（清水事件則是檢方放棄提出其他物證，應該會在今年內獲得無罪判決）。這些明顯無罪的案件，被告卻在警、檢、院或甚至辯護律師前，坦承犯罪。在所謂鄉民思維中，通常都會認為假若沒有被暴力相加，沒做的話，不用怕官方，根本不需要承認犯罪，既然不能證明有暴力刑求，則其自白應該值得信賴。然而本書透過司法心理學的解析，告知在有罪推定的情境下，先絕望，然後在辯解無用的心理作用下，自暴自棄般地承認犯行，或在逆向建構的機制下，「聰明漢斯」心理機制發揮作用，產生虛偽的「祕密的暴露」，進而加強了（虛偽）自白的可信度。而這些被告只有在有人確信其是無辜之後，才會開始否定其先前的自白，進而開始否認犯行。縱然司法心理學的研究告知了這整轉變的可能性，但此時或許已經為時已晚，一般人只會認為翻供只是狡辯而已。

自白是個很脆弱的證據，但是實務上卻是被當成王牌。作者期待能夠透過司法心理學的建構，減低自白的效果，回歸依據其他證據判罪的正軌。可惜的是，如今的實務仍舊是有新的物證等，才會反過去質疑自白的可信度。在無法反對自白的王牌地位的此時，質疑自白的可信度，擁抱著懷疑，繼續追索其他物證與供述證據或許才是如今司法應該採取的正確態度。

台灣版作者序

本書發行於二〇一八年八月，已經是五年前的事情了。在這五年間，本書所提到的案件，最近終於有了很大的變化。

第一件是本書第二章所提到清水事件。這個事件之前都是用死刑犯袴田巖先生的名字，取名為「袴田事件」。事件發生在一九六六年，袴田巖先生的死刑確定判決是在一九八〇年。之後的四十年間，辯護團不斷重複聲請再審，在今年三月二十日，終於裁定開始再審。日本在一九八〇年代有四件死刑犯的再審案件，此後就再也沒有裁定開始再審的案件。如果袴田先生這次獲得再審無罪，那麼他就是從斷頭台上生還的第五位死刑犯。即便如此，從事件發生後，已經過了五十七個年頭，至今的過程並不單純。

袴田先生是在一九六六年被逮補，在連日嚴苛的偵訊下落入自白而被起訴。經過靜岡地院、東京高院的審理，於一九八〇年最高院確定了死刑判決。其後，在什麼時候突然被執行死刑也不意外的日月裡，他持續喊冤，但最後因為罹患拘禁性精神病，連自己是袴田巖也不知道了。我接到鑑定委託分析袴田巖先生的自白，是在一九九〇年。靜岡地院對袴田先生的再審聲請做出開始裁定，是在那之後又過了四分之一世紀的二〇一四年。當時，因為就袴田先生人權上來看，已經是無法容許的事情，法院遂停止其死刑執行，將其從看守所釋放。然而，檢方對此提起即時抗告，受理此抗告的東京高院，於二〇一八年六月撤銷地院的開始再審裁定，之後辯護團又對此聲請特別抗告。是這樣的一個過程。

到了二〇二〇年十二月，對於辯護團的特別抗告，最高法院部分肯認其見解，將案件駁回至東京高院。第一審審理中所謂從味噌桶裡發現染了血的五件衣物，當時認定那些衣物已經浸在味噌桶超過一年以上，辯護團表示，發現的時候，是可以馬上知道染了血的程度的鮮紅色，主張若是在味噌桶浸了一年以上的衣物有可能那樣嗎？最高院肯認辯護團這樣的主張。這項物證成為了唯一的爭點，東京高院認定這其中有偽造的過程，裁定肯認之前的開始再審裁定。檢方這次也終於放棄了向最高院聲請特別抗告。這是二〇二三年三月二十日的事情。

這是非常令人困惑的一件事情，日本的審判制度，即使裁定開始再審，檢方還是能夠抗告，而常常有案件因為如此，開始裁定又被推翻。雖然形式上是說維持「法安定性」，但是從人權的觀點來看，這樣落後的狀況實在令人驚訝。也有人認為正是因為如此困難的案件所以才會這樣，但是就我看來，單純至極。從袴田先生偵查階段自白的過程看來，不禁會覺得這怎麼可能是真凶的自白呢？只要有正直的偵查人員，就算一位也好，在偵查階段早就確認了袴田先生的無辜。是一個這樣的案件。但是，發現這件事情，居然花費了五十七年的歲月。

日本的刑事訴訟法規定「發現推翻有罪確定判決的明確新證據」時，可以開始再審。反過來說，就是經過地院、高院、最高院三次審判確定的法院判斷，絕對不會有錯，而在此如果出現了應該要判其無罪的「明確」的「新」證據，那麼就開始再審吧。這次的清水事件，也是從「五件衣物」上血跡的顏色來判斷該證據是偽造的，決定開啟再審。但是，如果這個證據是偽造的，那麼袴田先生就是無辜的，偵查階段的自白就是虛偽自白。也就是說，法官們從第一審開始，就一次又一次地在解讀「虛偽自白」這件事情上失敗了。而因為這樣的錯誤，袴田先生花了超過半世紀以上的時間，抱著這樣苦不堪言的辛酸。

其實，就在這次袴田先生開始再審裁定之前，還有一個很大的動向，是關於同樣也在本書第三章介紹過的日野町事件。這個事件發生在一九八四年，阪原弘先生在一九八八年被逮捕後自白，於一九九五年第一審被判處無期徒刑，二〇〇〇年最高法院有罪確定。其後於再審聲請途中的二〇一一年阪原先生過世，遺屬繼續承接了聲請再審的程序。大津地院對這個案件做出開始再審裁定，是在二〇一八年七月。但是對於這個裁定，檢方也做出即時抗告，二〇二三年二月二十七日，大阪高院駁回該抗告，在此，似乎真的可以朝向開始再審踏出下一步了。孰知，檢方於三月四日又提起特別抗告，審理的戰場整個移往最高法院，會變得怎麼樣，又無法預測了。其他，於本書也提到的名張事件及狹山事件，辯護團現在也持續呼籲讓再審趕快開始，但是法院仍無動靜。事件發生已經超過六十年的現在，案件處理的方向仍然不明。

如此，我本身至今仍然更加、不得不去重新思索咀嚼「解讀虛偽自白」的意義。

二〇二三年三月二十五日

濱田壽美男

前言

案件在某處發生了。在那個地方，遺留下某些證據。若是殺人事件，屍體上可能會留下傷痕，凶器遺落在現場，周圍有可能採集到指紋、血跡或體液等其他跡證，調查人員根據這些「物證」識別出犯人。但是，光靠物證就能確定犯人、偵破案件的狀況並不多。

調查人員會向案件關係人或者案發現場周圍的人問話，嫌犯出現的話，會帶到偵訊室偵訊，嘗試解開現場到底發生什麼事情。這就是所謂的「供述」。不管是目擊者供述、被害者或關係人的供述、又或者嫌犯的自白，在偵查階段一般都是做成文書紀錄，即供述筆錄。此外，近來，在偵訊過程中，部分會用錄音錄影的方式記錄。但是，供述都是以「話語」被敘述。

然後，加上物證，人的「話語」所形成的供述被一個一個地累積，檢察官就會確定案件的犯人並起訴之。至於被告是因為什麼樣的動機，如何實行該犯罪行為，檢察官會把這些整理成一個犯罪故事。這些也是用「話語」的方式呈現。在法庭，檢察官窮盡「話語」，舉證被告有罪，另一方面，辯護人也用「話語」去主張檢察官的有罪舉證不足。更進一步，檢察官與辯護人分別讓己方的證人站在證人席，將自己的體驗用「話語」來描述，而被告則用「話語」的累積來為自己防禦。最後，法官及裁判員互相將自己的意見用「話語」來評議，判決也用「話語」來為事件下最終判斷。

如此一來，案件從發生開始，到偵查、審判為止，被人們口中大量的「話語」所編織出來，四處大大小小的「敘述」混合著，彼此競合，最後彙集成一個故事，用判決來看到其結果。所謂的審判，是將案件發生後留下的物證為基礎，連接「話語」去認定事實，再由該事實認定來決定被告在這之後會受到何種處置，這樣的一個人類現象。然而，人類現象總是伴隨著錯誤。事實認定一旦發生錯誤，將會產生無法回復的結果。

我們是否正確地了解這樣的人類現象呢？當錯誤發生時，我們是否設法尋找錯誤的根源，確實地糾正錯誤呢？從過去的審判案例來看，我們可以清楚知道實際情況不一定如此。

人以「話語」來敘述的故事裡，經常混合著歪曲與扭曲。無論如何，「話語」既可以敘述現實，也可以敘述疑似現實的虛偽。偵查過程中，有時候會發生目擊者指認無辜者是犯人的奇怪情事，也會發生無辜者因為受不了嚴厲的偵訊而自白，說出不真實的犯罪經過的情況。如果無法看穿藏在供述裡的虛假，最終，無辜的人就會被當作有罪者被審判，沒緣由地嘗盡痛苦。這就是所謂的「冤罪」。

在偵查與審判過程中，人們將過去的案件以「話語」再度形塑，當試圖建立一個故事時，其中隱藏許多錯誤的這件事情，從某個角度來說，是無法避免的。但是，無辜者被當成真實犯罪事件的主角被處罰，這種誤判的情況絕對必須防止。尤其會有問題的是在偵訊室裡產生的虛偽自白。至今仍有無數人因為沒能被看出那樣的虛偽自白，而飽受冤罪所苦。

虛偽自白說到底做為一種人類現象，在審判的世界有被充分地理解嗎？無辜的人偽稱自己是犯人，用「話語」敘述他根本沒做的犯罪行為。這樣的虛偽是從哪裡出現以及如何產生的呢？然後，為了揭露那樣的虛偽，我們應該怎麼做才好呢？這是法律實務界為了防止冤案的悲劇發生所必須解決的問題，同時，就一個深刻的人類現象來說，也是心理學領域必須解決的問題。本書就從這樣的問題意識為出發點開始探討。

第一章　何謂虛偽自白？

◆1、因自白而生的事件

冤罪的深淵

在刑事案件的偵查過程中，有時會發生無辜的人面對嚴厲的偵訊、被懷疑，因為太痛苦而做出虛偽自白。不僅如此，他們還會因自白而被起訴，無法在審判中證明自己的無辜，此後人生丕變，或是被判處死刑、無期徒刑而被困在獄中。甚至也有即便持續主張無辜，卻仍被執行死刑的人。沒有比這更殘酷的事了。這樣的深淵對於被捲入冤案的當事人來說，是如此恐怖，而要脫離深淵、重見天日，又是如此不易。

被冤者知道「自己是無辜的」。正因如此，即使被判決有罪確定，之後也會聲請再審，也只能把賭注放在那了吧。但是，不管怎麼主張自己是無辜的，法院也不會輕易認同。畢竟，再審就如「駱駝穿過針眼」一般，難度高。結果，不斷喊冤的聲音還是到不了法院，被囚禁的日子漫漫地持續數十年，甚至也有人終其一生都在獄中度過。

這樣可怕的虛偽自白，到底是怎麼從無辜者口中被引出來的呢？首先我們來俯瞰全貌，以了解虛偽自白形成的構圖。

「只有體驗過的人才會懂」

社會上的人總是這麼說的：「就算被嚴厲偵訊，如果真的沒幹的話，堂堂正正挺起胸膛、不放棄地主張自己的無辜不就好了嗎？這樣就行了，做不到的反而奇怪吧？更別說，有些案件是要覺悟到可能會被判死刑或無期徒刑的重罪，在那種情況下，正常人才不可能做出什麼虛偽自白！」這樣的思考方式，是我們社會上所謂的常識。但這樣的常識，其實與若干的錯覺交纏。

本來，無辜的人自白時所承受的偵訊壓力，即便外人看來好像沒什麼，但對當事人來說卻是非常恐怖又嚴苛。光是長時間被拘束，每天被偵訊的環境，就算不是嚴刑逼供那樣直接的暴力，大多數的人還是會舉白旗投降。實際上嘗過那種苦滋味的人，會異口同聲地說：「這種事情，絕對是體驗過的人才懂的。」

我們人類原本就是社會性程度特別高的生物，我們的本性，是以與他人的相互關係為基礎而被創造的。基本上，我們是在與母親跟父親緊密的關係下出生、長大，繼而與兄弟姊妹或祖父母建立關係，接著這樣的關係會擴大到住在附近的朋友、學校的夥伴及工作上的同事。在每天的生活中共享歡樂與悲傷，有什麼事情的話互相商量，或者想解解悶，就熱鬧地喧嚣一番。人就是在這樣的人際關係網絡中穿梭、生活著。如此空氣般存在的人際關係網絡，我們通常並不會意識到它，但是當因某個事件而使它被奪走時，我們就會發現其存在的重要性。

當無辜的人被錯認、懷疑，從一直以來支持著自己的人際關係網絡中被隔離開來，帶進偵訊室裡，置於孤立無援的狀況正是如此。在這種處境下，「不是你的話，還有可能是誰幹的!?」被這樣的言語持續折磨的時候，大概所有的人都無法忍受。你會覺得奇怪，「就只是這樣而已怎麼會……？」的程度，但當事人非常容易就跌入吐露自白的深淵。

人們之所以無法看出無辜者的虛偽自白，實際上是因為不了解人類本質社會性中的弱點。當然，我們會期望專門擔任刑事審判的法官能夠了解那種人性的弱點，但是很可惜，法官脫離不了世俗常識，也很少有機會體驗或學習到如何去發現常識背後的錯覺。

再者，在偵訊室裡，負責偵訊的警官與嫌犯大概不可能是對等的關係，大多數的案件裡，偵訊的警官會把嫌犯當作不可饒恕的犯罪者，居高臨下、窮追猛打，要求嫌犯道歉反省。從結果上來說，偵訊的警官與嫌犯的位置產生壓倒性的落差，將嫌犯引導到有罪方向的磁力會運作。當然，在此磁場下，也有真凶對自己所犯下的罪行做出真正的自白，但是也會有無辜的人忍受不了壓力，因而做出虛偽自白。如果沒有具備看穿這件事情的眼光，那麼，是絕對不可能斷絕冤罪發生的根源的。

一再奔波往返的再審案件

身為心理學的研究者，我遇過各種主張冤罪的案件，其中大部分都與自白的問題相關。審判中雖然主張自己的無辜，但偵查階段的自白卻成了枷鎖，使得被冤者不被相信自己是無辜的。在這個時候，辯護人或被告本人就會來找我，問我能不能在心理學上證明他們的自白是虛假的。因為有這樣的委託，我與虛偽自白這樣的問題奮戰了將近四十年之久，並曾在一些案件裡以心理學的角度提出鑑定書。

即使把至今我所參與、進行過供述分析的事件限定於殺人案件，也有超過二十件之多。其中多數還都是久遠到令人覺得頭昏的事件。在本書中會提到的名張事件（一九六一年）、狹山事件（一九六三年）、清水事件（一般稱為袴田事件，一九六六年），事件發生至今都已經超過半個世紀，日野町事件（一九八四年）也是三十年以前的事件。其中，名張事件與清水事件是死刑判決確定，狹山事件與日野町事件則是無期徒刑判決確定，而且這些案件都不只一兩次，而是一次又一次不斷地聲請再審。從辯護方的角度來看，就是因為相信被告是無辜的，所以儘管在事件發生已逾數十年的現今，只要聲請人還活著，不，就如名張事件、日野町事件般，就算聲請人已經離世，只要有聲請權的人還活著，就一定會繼續重新聲請再審。

做為聲請再審的一環，我為這些案件都進行了心理學鑑定。在我看來，以鑑定結果來說，要避免做出「每一件有罪確定判決都是錯誤的」這個結論，是不可能的。鑑定可不是審判的世界裡所謂的「心證」那種曖昧的單詞，而是照「鑑定」那個字面，經過「論證」而得到無辜這個結果的。這樣說聽起來好像有點過於自信，但是至少在我看來，我是以那樣字面上的程度，盡力說理、展開論理而來。但是，法院對這樣的討論並沒有興趣。

只要在偵訊的場合做過一次自白，就會被編織成一個故事，並以筆錄的方式呈現，在審判時拿出來，一個事件就這樣巧妙地成立了。之後又得到法院有罪判決這樣的「掛保證」，就算從心理學的觀點分析自白過程，詳細地拆解虛偽的要素如何在過程中滲入，證明其無辜的性質，法院仍幾乎不可能把這份分析當一回事。每次進行供述分析得到結論，提出鑑定書，我就再一次地感受到他們的不在乎。

開始踏出新一步的事件

當然，其中也有案件正朝解決的目標邁進。

這雖然不是我參與的案件，在大崎事件（一九七九年）中，原口アヤ子（Ayako Haraguchi）女士（九十歲）被法院認定為殺人及遺棄屍體罪共犯，判處有期徒刑十年確定。針對該事件的第三次再審聲請，鹿兒島地方法院於二〇一七年六月做出開始再審的裁定。在這項裁定中，除了關於遺體的法醫學鑑定外，法院同時肯認心理學者所做的供述鑑定可做為新證據，而特別受到關注。關於犯案，原口女士始終否認，卻因為其他被認定為共犯者的自白，以及相關人士的供述而被判決有罪確定。在此裁定中，法院肯認了心理學鑑定上的論證，認為共犯及相關人士的自白、供述都不是「真正體驗者」的供述。

做出開始再審裁定的鹿兒島地方法院法官，採用了該供述鑑定，對於心理學上的供述評價，在判決中做出如下見解：

在司法領域中所謂的信用性判斷，是指與其他諸證據或相關聯的事實綜合評價。但心理學的供述評價，是在確認供述本身，是否有非出於體驗之資訊，或是否看不出應該有的問題點的徵候。如此對供述本身的科學性分析結果顯示出的「非體驗性徵候」，於司法領域做綜合信用性判斷時，是可以加以利用的有意義資訊。特別是平成二十一年（二〇〇九）之後，裁判員審判開始施行，裁判員審判是一般國民也會以裁判員的身分參與審判，與法官一起進行證人或被告等人供述的信用性評價。為了使執業上累積諸多供述信用性評價經驗的法官與有多元經驗的裁判員，能夠實質上合作進行評議，心理學的供述評價是可以考慮的一種法官與裁判員共通的基礎、手段。

在刑事審判的通常程序裡，使用評價供述證據之心理學鑑定的案例，近年略有增加趨勢，但是在殺人案件的聲請再審階段，認可心理學者的法庭證言進而採用該心理學鑑定的案件，在這個裁定之前可是一件都沒有。由這層意義來看，該裁定可說是一個前所未有、劃時代的判斷結果。

但是，此時檢方又批判法院採用心理學鑑定做為證據之判斷，認為「供述的信用性是法官的專門領域」，提起即時抗告。受理抗告的福岡高等法院宮崎分院（下稱福岡高院宮崎分院）雖於二〇一八年三月十二日駁回檢方抗告，維持地院再審裁定，但是也與檢方相同，批判心理學鑑定的方法及結論，認為該心理學鑑定不是證據。對於該裁定，檢方又向最高法院提出抗告，導致開始再審裁定至今仍然懸在半空中、尚未定案。[1]

就這樣，案件發生後已經四十年過去的大崎事件，長期不斷地重複這些審判的纏鬥，雖然當下獲得開始再審的裁定，但實際上再審尚未開始的狀態仍然持續著。另一方面，還有很多案件沒有走上再審這條路，未能被公開討論或審理。這些案件所遇到的障礙，全都環繞在虛偽自白的問題上。

◆ 2、足利事件與解讀虛偽自白的理論

從偵訊、自白，到做出自白筆錄

即便是無辜的，一旦落入自白，就會被那個一時做出的自白給束縛，往後一輩子都會被它所支配。那個過去所做出「一時的自白」所具有的力量，宛如咒語般，非常強大，在審判時要解開它並不容易。為什麼呢？

在日本，大多數的案件，自白都是以「自白筆錄」的方式被記錄，偵訊的警官把做成的筆錄讀給嫌犯聽，嫌犯確認內容沒有問題後，就要在上面簽名蓋章。經過這道程序，自白筆錄的證據價值在審判中便獲得擔保。但試想一下，當無辜的人被反覆、糾纏不休地嚴厲訊問而自白時，在那個階段，已然沒有餘力拒絕簽名蓋章。如此一來，讀給他聽，讓他確認並簽名蓋章的這道程序就流於形式，至少從心理學的角度來說，法規範上所謂「保證此為真正自白筆錄」的想法，未免太簡單粗糙了。

另一方面，自白筆錄所記載的自白內容，當然就相當具體詳細地描述了嫌犯本身的犯罪過程，而且筆錄是以「我在某某時候，以某某動機，犯下某某事情」般的第一

1 譯注：二〇一九年六月二十六日，日本最高法院廢棄原再審開始的裁定，裁定駁回（大崎事件）被告的再審聲請。辯護團於二〇二〇年三月三十日提出第四次再審聲請，二〇二二年六月二十二日遭鹿兒島地方法院駁回聲請，辯護團於六月二十七日提出即時抗告，二〇二三年六月五日福岡高院宮崎分院駁回抗告。辯護團已向最高法院提出特別抗告，目前由最高法院審理中。

人稱敘述，具體地被文字化。那就像是犯人的獨白一樣，不了解偵訊的狀況，單純讀這份自白的話，一定會覺得無辜的人怎麼可能用謊話自白到這種程度。

但是，即便表面上筆錄裡的自白被完整漂亮地記錄下來，它的背後卻是花了大量時間的偵查過程。特別是重大事件，連續數日長時間強行持續著「偵訊」，從其中問出「自白」，經由偵訊人員文字化，就成為「自白筆錄」。如此追溯「偵訊」→「自白」→「自白筆錄」的過程，會有各式各樣歪曲、扭曲的部分隱藏在裡面，特別是重大的虛偽成分便生根於此。這樣一來，問題正是出在被迫說出自白並記錄成筆錄，這般自白形成的過程中。

目前為止自白的判斷架構

不過，在主張無罪的案件中，大多數情況下偵訊的「結果」，所謂最終階段的自白筆錄，往往被檢方提出做為證據，在法庭上審查是否能夠證明被告有罪。也就是說，其一是做為證據提出的自白筆錄於製作過程是否有過度之處，檢討偵訊的外觀狀況，判斷該自白有無「任意性」。其二是以被記錄在筆錄中的自白與客觀證據是否一致為中心去檢討，判斷該自白有無「信用性」。如此，通過任意性及信用性判斷的標準，自白就會被認可做為判斷有罪的證據。這雖是現實上法律實務界判斷的基本架構，但是這個架構只重視自白所呈現的「結果」，忽視了其「過程」所發生的問題。

即使在一些案件中，只要深入偵訊過程、抽絲剝繭分析自白形成過程，並不難發現潛藏其中的虛偽形成痕跡，但從向來的法律判斷架構來看，這種情況往往輕易被忽視。即便是通曉刑事案件、對於事實認定累積相當經驗的法官，還是常常會犯下這種錯誤。而犯下這種錯誤最大的原因，就是他們不了解「無辜的人經過怎麼樣的心理過程而陷入虛偽自白的境地」。這個理由不僅適用於法官，現在擔任裁判員、與法官一同參與審理的一般國民亦然。

粗糙／草率的「任意性」確認

說到虛偽自白，大部分人的想像，仍是無辜的人受到偵訊人員以挾帶暴力或欺瞞的偵查方式而不小心做出的自白。反過來說，偵查中只要沒有暴力或欺瞞等不法的危險「要素」存在，無辜者是不可能會掉進虛偽自白的陷阱裡的。這是一般人所相信的「傳統的虛偽自白模式」。也就是說，把焦點放在容易招來虛偽自白的偵訊危險「要素」，但並未充分檢討是什麼樣的程序產生虛偽自白這樣的「過程」。

（日本）刑事訴訟法第三一九條規定，「強制、刑求或脅迫所得之自白，長時間不當拘束或拘禁後所得之自白，或其他有非出於任意之虞之自白，不得做為證據。」此處不限於暴力刑求，也包含「強制」、「脅迫」或「非出於任意之虞」的偵訊自白，所以根據解釋方式，任意性判斷有可能是很廣泛的，若本於這個理念進行判斷的話，虛偽自白的認定應該可以做相當程度的確認。但是，無辜的人自白這種事，一般人還是覺得沒有什麼特別重大的原因是不可能發生的事情吧。直到今天，在任意性判斷上自白被排除其證據能力的判決非常稀少。

現實上，即便沒有如法條字面上所呈現之暴力、欺瞞式的偵訊，也存在著因偵查人員深信嫌犯就是犯人，熱切執意地偵訊，致使無辜的人做出虛偽自白。實際上，在完全不考慮被告無辜可能性之下的偵訊，無論被告再怎麼辯白也是徒然，一再回到原點。在這樣來回不斷重複的情況下，就算是無辜的人，最後也會被無力感壓垮，不知道到底要忍耐到什麼時候才能夠突破這個困境的那種絕望，使其最後失去了守護自己這份真實的氣力，落入自白。暫且不論過去是如何，至少現在，一般都是這類型的虛偽自白。

這類型的虛偽自白，沒有辦法在向來的任意性判斷中被確認，輕易地就被忽視。

不嚴謹的「信用性」判斷

再者，「傳統的虛偽自白模式」中，是以暴力、欺瞞式的偵訊使人自白後，偵訊人員把自己想像的犯罪經過強加在被訊問者身上，誘導並強迫嫌犯說出來。但是，其實大多數虛偽自白的實際狀態並不是那樣。即便是無辜的人，一旦決定自白，就會開始想像自己如果是犯人的話，應該做過什麼；也就是說，他只能夠開始「扮演犯人」。這時候，儘管沒有真正的犯罪體驗，只要隨著握有偵查資訊的偵訊人員連續壓迫訊問，確實可以創造出一定程度的犯罪經過。大多數的虛偽自白，大致是這樣產生出來的。

無辜者虛偽自白的實際狀態是這樣的話，乍看那份自白，會以為是當事人的自發性敘述。況且，嫌犯不是任憑自己想像，而是隨著偵訊人員的連續壓迫去敘述，如此記錄而成的自白筆錄內容，自然會跟偵訊人員所掌握的客觀證據一致，表面上看起來是很有信用性的。實際上，除非自白具有相當的可信度，即使偵訊人員深信嫌犯就是犯人，也不應該將其記錄在供述筆錄中。

這樣看來，「傳統的虛偽自白模式」之下自白任意性、信用性的判斷上，至少關於現在所說的虛偽自白，大概很難看穿它的虛偽性。所以，要超越「傳統的虛偽自白模式」這個框架，將重點聚焦在自白的「過程」，必須建構「新型態的虛偽自白過程模式」，並以這樣明確的形式去跟傳統模式做對比才行。

實際上，日本的刑事司法為何至今都沒有發現許多因自白而引起的冤案，這並不是偶然發生的過失，而是因為我們忽略既有判斷架構的缺陷，從而不得不說，這是一個結構性的問題。

因為物證而最終證明無辜的案件

迫使我們必須再度思考偵訊室中虛偽自白問題的一起關鍵性案件，在距今約八年前為人所知——那就是足利事件。在這裡，我以該事件的虛偽自白為例，帶著大家思考我們必須重新追求的「虛偽自白過程模式」。

足利事件是一九九〇年五月十二日發生在栃木縣足利市的女童綁架殺人案件。於案件發生一年半後的十二月一日，警方根據當時甫引進的DNA鑑定，鎖定住在該市市內的菅家利和。菅家先生在偵訊時被迫自白，隨後遭到起訴，歷經地院、高院、最高院審判，於二〇〇〇年被判處無期徒刑確定。但是，在其後聲請再審中進行DNA

再鑑定發現，當初所進行的DNA鑑定是錯誤的。因此於二〇〇九年六月四日菅家先生獲停止執行刑期，解除人身自由拘束，歷經十七年半後終於從煉獄回到人間，並於隔年二〇一〇年三月二十六日再審無罪確定。

問題的癥結點在於，捲入此案的菅家先生的自白。菅家先生在任意同行後[2]僅僅一天的偵訊就吐露自白，隨後詳細地敘述犯罪內容，而在審判階段，幾乎到一審結束為止也都維持原來的自白。那份自白是虛假的這件事，可說是以物證來證明的。換句話說，至今負責這起案件的地院、高院以及最高院的法官，在判斷自白是否虛假這一點可說是完全失能。

如果是這樣的話，那麼，菅家先生從一開始落入自白，敘述自白內容，並且長時間維持自白，最後再撤回自白轉向否認的這個過程，正是我們再度思考無辜者做出虛

2 譯注：在日本所謂的「任意同行」，意指偵查機關要求某人一起到該機關接受問話，而這項要求是沒有強制力的。因為沒有強制力，所以稱為「任意」，與偵查人員一同回到偵查機關，稱為「同行」，因此整體稱為「任意同行」。任意同行既然稱為「任意」，沒有強制力，那麼被要求一同到偵查機關時，理應可以拒絕，即使與偵查人員一起到偵查機關，亦應得要求離開。但實際上，問題在於被要求任意同行時，常常是被多位偵查人員包圍著，要拒絕並不容易。如果拒絕時與偵查人員發生推擠，則可能被以涉嫌「妨害公務」為由依現行犯逮捕。

偽自白之過程的最佳素材。

足利事件的偵查與自白

讓我們先來回顧一下足利事件的經過。一九九〇年五月十二日傍晚七點左右，在足利市一間小鋼珠店停車場玩耍、一個名叫真實的四歲女童行蹤不明。隔天，女童的遺體在附近的渡良瀨川河畔草叢被人發現時，全身赤裸。在此之前，一九七九年八月三日一個名叫萬彌的女童，以及一九八四年十一月十七日一個名叫有美的女童，同樣在足利市內遭人誘拐，發現時已經死亡。而且萬彌被發現的地點，也是在渡良瀨川河畔對岸，而有美遭誘拐的地方則是市內的另一間小鋼珠店。根據這些跡象，偵查機關認為本案極可能是戀童癖者所犯下的連續誘拐殺人案，從而積極展開調查。

半年過去仍找不到嫌犯的情況下，住在足利市內的菅家先生成了警方的搜索目標。警方多次跟監，從菅家先生丟棄的垃圾袋中找到沾有精液的衛生紙，經鑑定後發現，體液的DNA型別與名叫真實的女童衣服上的精液DNA型別一致，便以此為由將菅家先生以任意同行的方式帶回偵訊。那天是一九九一年十二月一日。

從那天早上開始，經過一整天的任意偵訊[3]後，菅家先生自白了。菅家先生雖然一開始明確地否認犯行，但到了晚上十點半左右，他便流著眼淚自白，並於隔日清晨遭逮捕。菅家先生也從這時開始，具體詳細地敘述了整個犯罪經過。存在指向有罪的有力物證，而且在任意同行下短短一天偵訊就自白，這看起來就像是真凶的自白。再者，被逮捕兩週後的十二月十三日，菅家先生被帶到現場進行證據調查，他模擬案發當時場景的樣子，也與現場情況一致。因此，檢方隨後在十二月二十一日起訴菅家先生。

撤回維持到審判階段的自白

審判從隔年一九九二年二月十三日開始，菅家先生在第一次審判時承認了起訴內容。如果說，菅家先生是無辜的，那麼即使在偵訊時自白，到了審判階段也應該從偵訊的壓力中獲得解放，繼而撤回自白。但是，菅家先生仍然維持自白。審判就這樣以自白案件的方式進行。七月之後，因辯方聲請而交付精神鑑定，鑑定結果顯示為「代償型戀童癖」。

3 譯注：任意同行下所進行的偵訊，稱為任意偵訊。

另一方面，在此期間，菅家先生寄給家人的信，卻訴說自己的清白。得知此事的辯護人，在一九九二年十二月二十二日第六次審判時詢問菅家先生，此時，菅家先生否認涉案，然辯護人沒能相信菅家先生的說詞。辯護人雖然認為DNA鑑定的可靠性有問題，但是因為已經深信菅家先生有罪，所以是以情狀辯護[4]的方向來答辯。後來，辯護人再次會見菅家先生並進行勸說，於是菅家先生再次自白，並向法院提交書面道歉書。一九九三年三月二十五日，全案審結（辯論終結）。

菅家先生明確地撤回自白、開始主張無辜已經是辯論終結後的事情了。一位足利市市民透過報導知道這個案件，認為這或許是一樁冤案，便寫信給關押在拘留所的菅家先生，後來還跟菅家先生會面，並說了這段話，試圖說服他：「如果真的犯了罪，那麼請為被害者的冥福祈禱。但是，如果真的沒有做的話，就請好好地說你沒有做。」據說，聽了這段話的菅家先生總算下定決心主張自己的無辜。

菅家先生在宣判日將屆之前，向辯護人要求在預定宣判日一九九三年六月二十四日的第十次審判再開辯論，菅家先生也在這場審判中正式地重新否認指控。但是，法院只是姑且聽取菅家先生的無罪主張，當日就審結，兩週後的七月七日，做出無期徒刑的判決。

從有罪確定到再審

經過這般曲折，菅家先生在第一審審判的最後，終於撤回自白，並就此展開雪冤的奮鬥。

上訴審中，菅家先生在新組成的辯護團支援下主張自己是無辜的，辯護團對於自白的任意性和信用性提出爭議，同時也爭論有罪的決定性證據ＤＮＡ鑑定的證據能力。然而，一九九六年五月九日上訴二審被駁回，再上訴到最高院，最高院否准辯護團重新進行ＤＮＡ鑑定的聲請；二〇〇〇年七月十七日上訴三審被駁回，無期徒刑判決確定。

判決確定後，辯護團聲請再審，不斷請求ＤＮＡ再鑑定，但是法院對其請求未予認可，於二〇〇八年駁回再審聲請。辯護團對此駁回裁定提起即時抗告，法院審理即時抗告時，終於同意ＤＮＡ再鑑定，並委託檢辯雙方推薦的兩位鑑定人進行。結果，兩方的鑑定結論都顯示犯人體液的ＤＮＡ與菅家先生的ＤＮＡ「不一致」。

4 譯注：以被告承認有罪為前提下進行辯護。

這使得檢方不得不接受開始再審的事實，二〇〇九年六月四日停止執行菅家先生的刑罰，在等待開始再審裁定期間，就釋放了菅家先生。接下來，在二〇一〇年三月二十六日，菅家先生終於在再審獲得無罪判決。

足利事件虛偽自白之謎

足利事件不僅僅是菅家先生於再審中獲判無罪的案件而已。菅家先生的自白是無辜者所做出的虛偽自白這件事，透過ＤＮＡ鑑定這個物證而得到證明。那麼，為什麼菅家先生明明是無辜的，卻坦承罪行，並詳細地敘述了虛假的自白呢？又，為什麼即使到了審判階段仍持續這份虛假的自白，而沒有撤回呢？

二〇一〇年三月二十六日宣判的再審無罪判決（要旨）中，合議庭對於菅家先生的自白做出以下判斷：

> **關於菅家先生的自白**，**雖然沒有發現影響證據能力本身之情事**，但從與鈴木鑑定這項客觀證據矛盾之處來看，菅家先生於本件做出自白的最大主因，應該是因為偵查人員告知其本件ＤＮＡ鑑定的結果，但從結論上看來，該ＤＮＡ鑑定結

果並不是能夠認定菅家先生為真凶的證據。加上再審審判時也清楚知道了當時的偵訊狀況，以及從菅家先生遇到對方態度強硬時無法反駁的性格等等看來，**不如說菅家先生於高院事實審的供述，其自白是摻雜了對於當時新聞報導的記憶，而做出偵查人員想要的內容，但高院有罪判決中卻肯認了菅家先生供述的可信性**。綜合上述各點，必須說菅家先生的自白明顯是虛偽、其本身是完全沒有可信性的。（重點為作者所加）

既然從ＤＮＡ鑑定結果知道了犯人另有其人，那麼菅家先生的自白「本身完全沒有可信性」這件事是理所當然的吧。這裡應該要注意的是關於任意性的判斷。菅家先生在任意同行後的第一天就落入自白，於審判庭也長時間維持那份自白。期間，偵訊人員既沒有直接使用暴力逼迫其自白，也沒有故意用欺瞞方式偵訊。而法院雖否定自白的可信性，但關於任意性的判斷，法院見解如上述引用部分所示，認為「沒有發現影響證據能力本身之情事」。

在一直以來的法律實務架構下，上述判斷可能是理所當然的。然而這樣一來，便會導出「菅家先生的自白雖有任意性，卻無可信性」這樣的結論。用白話來說，就是無辜者「出於個人意願做出不真實的自白」。這到底是怎麼一回事呢？所謂的「意願」究竟又是什麼意思呢？

此處法院所提出來的說法是出於「菅家先生的性格等等」。上述判決裡提到，「菅家先生遇到對方態度強硬時無法反駁的性格等等」，又說本件自白內容是菅家先生「摻雜了對於當時新聞報導的記憶，而做出偵查人員想要的內容」。這樣的判斷好像是把虛偽自白的原因歸咎於「菅家先生本身的性格等等」。

當然，確實有容易陷入虛偽自白圈套的人，也有不會輕易落入虛偽自白的人，根據每個人的「性格等等」會有所不同。但是另一方面，我們不應該輕易忽略，引人做出虛偽自白的偵訊人員也有需要檢討的地方。

是因為傾向迎合他人才會落入虛偽自白嗎？

這個案件因為決定性的物證而證明了菅家先生的無辜，因此對負責調查的警方及檢方造成相當大的衝擊。也因為這樣，再審無罪判決宣判後不久，警察廳緊接著就在二〇一〇年四月公布了「足利事件之警察偵查問題點」報告書，同時最高檢察署也發布了「所謂足利事件中的偵查及審判之問題點」報告書。在兩份報告書中，除了將過度信賴科學警察研究所的ＤＮＡ鑑定指為第一個問題點之外，同時也大篇幅檢討引出菅家先生自白的偵查狀況。

警察廳的報告書點出以下問題：

> 偵訊是以發現事實為目標所進行的程序。偵訊時，不只是等待嫌犯主動供述，還必須指出其供述內容矛盾或不合理之處，以說服、追究或是用論理道理持續地提問，要求嫌犯提出具說服力的解釋。惟本件偵訊中，因未能注意到嫌犯有迎合偵訊人員之特性，進而致使菅家先生順著偵查人員意向供述的結果。

也就是說，警察廳認為，因為在偵訊中「未能注意到嫌犯有迎合偵訊人員之特性」，才會演變成這樣的事態。

另外，最高檢察署的調查報告書也有幾近相同的指摘，如下所述：

> 根據嫌犯本身性格等等的不同，雖然他不是犯人，但也有可能用犯人的心情去揣摩想像，供述出彷彿親臨現場、身歷其境般的具體事實關係。我們在偵訊時必

須注意到這樣的可能性，再將其納入考量，同時，盡可能冷靜、慎重地去仔細檢討自白的可信性等。

報告書的意思是，即便在任意性沒有問題的偵訊狀況下，也會有嫌犯「用犯人的心情去揣摩想像」，而問題在於沒有注意到這一點。這就像是在說，菅家先生只是個例外弱勢的人，嫌犯如果不是這種性格的菅家先生的話，就不會發生如同本案的虛偽自白問題。但是，真的是這樣嗎？

與其說是「例外」，不如說是「典型」

我在檢討足利事件菅家先生的虛偽自白過程後，再次體認到，他的虛偽自白絕對不是例外案例。的確，菅家先生是個好好先生，某種意義上可以說他很容易迎合他人。不過，他在遭遇此次事件之前，就是個過著非常平凡生活的幼稚園校車司機。雖然因為菅家先生不喜歡與人起衝突，可能會極度避免與周遭的人針鋒相對，但是今天只要他沒有承受如偵訊室那樣的壓力，就不會落入虛偽自白這樣的事情當中。從這個角度看來，菅家先生並不是一個「例外」迎合性很高的人，所以才「例外」地做出虛偽自白。不如說，正因為菅家先生不擅長也不喜歡與人爭論，有配合對方的傾向，這不才是「典型」落入虛偽自白的形式嗎？

這樣的說法，剛聽到的時候可能會覺得很奇怪。但是，如果我們試著用以下這個方法思考，就會發現一點也不奇怪了。亦即，如果日本整體的偵訊程序都很健全地進行，一般來說是不太會發生虛偽自白的例外狀況，那麼，在通常的偵訊下發生例外狀況時，我們也許可以把原因歸咎於嫌犯容易迎合他人的特殊性。反過來說，若是整體的偵訊程序原本在結構上就有很大的問題，不管是誰，只要被帶到偵訊室接受嚴厲的偵訊，十之八九都會有陷入虛偽自白的危險的話，那麼像這樣如普通人般多少都有幾個弱點把柄的嫌犯，被捲入那個狀況時，虛偽自白就是典型會發生的事情了。

如此看來，足利事件菅家先生做出虛偽自白，與其說是例外，不如說是典型。即便如此，警察廳與最高檢察署在前述報告書中，還是把這件事情當作例外般地論述。這只能導出一個結論，那就是日本並沒有好好正視刑事案件偵訊程序長期累積而來的病灶。

傳統的虛偽自白模式

其實，菅家先生的虛偽自白到底是例外還是典型，會依我們思考虛偽自白過程的方式而有所不同。在這裡，我想透過將「傳統的虛偽自白模式」與「新型態的虛偽自白過程模式」相互對照，藉此呈現出問題的構造。

傳統的虛偽自白模式如圖一所示，①無辜的嫌犯因爲遭受到暴力、欺瞞式地偵訊，在欠缺任意性的狀況下被執意追究而落入自白。換句話說，就是從外部被扣上了犯人的帽子。

很快，在落入自白後，②受到偵訊人員強迫、誘導，「被迫講出」犯罪過程。接著完成自白並遭起訴，③從被偵訊的壓力解放後，就會立即轉為否認。傳統的虛偽自白模式大致上是依循這樣的脈絡思考。

按照這個模式來看的話，菅家先生在任意同行的情況下接受偵訊，短短一天之內就落入自白，而他的自白，既不是受到偵訊人員的直接暴力，更沒有受到意圖欺瞞。再者，從他自己想像、敘述犯罪內容，到起訴後從偵訊中獲得解放，一直到進入審判程序，也都沒有撤回自白，而是長時間維持了自白。這樣的過程，從傳統虛偽自白模

（傳統的虛偽自白模型）	否認	（新型虛偽自白過程模型）
	↓	
偵訊人員使用暴力、欺瞞式的偵訊手法 ↓ 強迫固執地追究下，「被當作真凶」	①落入自白	偵訊人員確信嫌犯就是真凶，不考慮無辜的可能性而持續進行偵訊，持續不斷後，形成了「有罪方向的強力磁場」 ↓ 不論說什麼都沒有用，被無力感侵襲而「成為犯人」
	↓	
偵訊人員單方地強迫、誘導出他們所想到的犯罪過程 ↓ 照著偵訊人員的說法，「被迫說出」犯罪內容	②自白內容具體發展	過信嫌犯就是犯人，憑著手邊的證據追究嫌犯，「真凶與偵訊人員」這樣的「假性人際關係」就此產生 ↓ 主動承認嫌疑，靠想像「演出真凶」
	↓	
偵訊終結，從偵訊的壓力中解放 ↓ 立刻轉向否認	③撤回自白，否認	偵訊終結，從「假性人際關係」中解脫 ↓ 與相信自己無辜的人確立信賴關係，得以轉向否認

圖一　虛偽自白過程模式

型的角度來看大概是無法說明的。在這個意義上，它看起來的確就像個「例外」。

新型態的虛偽自白過程模式

然而，不僅限於菅家先生的案件。一般而言，虛偽自白的形成過程本來就有別於傳統的虛偽自白模式。將我至今檢討過的各種虛偽自白案件結論做簡單歸納的話，可以得到如圖一「新型態的虛偽自白過程模式」。

首先，①「落入自白的過程」中，無辜的人被窮追猛打到需要做出虛偽自白的最大因素，在於偵訊人員被「嫌犯就是犯人」這般沒有證據的確信所驅使，完全不考慮嫌犯無辜的可能性，要求他認錯道歉、執意地一再追逼。在菅家先生的案例裡，偵訊人員以當時的DNA鑑定結果為依據，片面斷定菅家先生就是犯人，逼迫他自白。雖然以偵訊人員的角度來說，是因為握有「證據」才產生「確信」，但那個證據是錯誤的。就這層意義來看，可以說這樣的確信是「錯誤的確信」，我們也將這樣錯誤的確信統稱為「沒有證據的確信」。

倘若偵訊人員不考慮嫌犯為無辜的可能性，確信嫌犯就是犯人而進行偵訊，從結果上來說，偵訊室就會成為一個將嫌犯往有罪方向導引的強力磁場。而被捲入其中的無辜者，無論如何主張自己的清白，都不會被採納，從而被無力感所擊潰，被絕望感所侵襲，最終放棄了抵抗。在偵訊的空間內，就算沒有暴力或欺瞞性的偵訊，有很大一部分的人都會在這樣的狀態下做出虛偽自白的。

經過這樣的過程而落入自白之後，在②的自白內容具體發展過程中，無辜的被告在深信自己就是犯人的偵訊人員面前，只好自己承受這些懷疑，而除了「自己扮演犯人」以外，沒有別的選擇。配合著偵訊人員以手中握有的證據所進行的逼迫，一邊想像著如果自己是犯人的話，會怎麼做出犯行？一邊敘述自己的犯罪經過。此處，一味地深信嫌犯就是真凶的偵訊人員，與維持自白並繼續假扮成犯人的嫌犯之間，產生了一種「假性人際關係」。因此，傳統虛偽自白論所說的偵訊人員意圖誘導，也就是「事先預想了犯罪過程，強逼嫌犯說出來」的運作方式，至少從外觀上是看不出來的。

再者，在③撤回自白轉向否認的過程，就算偵訊結束，表面上擺脫了接受偵訊的壓力，也會有如足利事件中的菅家先生般，無法撤回自白的情況。為了撤回自白，必須要能從至今落入自白、發展自白的過程中與偵訊人員之間建立的「假性人際關係」中脫離。這件事情絕對不是那麼簡單的，想要踏出一步，脫離那樣的人際關係，反而非常需要勇氣。實際上，足利事件中菅家先生的情況，是直到出現一個人對菅家先生說「我相信你是清白的」，才開始構築新的人際關係，從而使菅家先生毅然轉為否認，擺脫一路以來維持的自白。

現實上，虛偽自白過程其實是如上述的樣子。因此我們不得不說，傳統的虛偽自白模式大致上都是不正確的。另外，在新型態的虛偽自白過程模式下觀察後，我們可以了解，菅家先生的虛偽自白可不是什麼「例外」，根本就是虛偽自白的「典型」。

本書所提出的課題

足利事件菅家先生的這起案例裡，幸好透過ＤＮＡ鑑定這樣的物證，最終得以證明其自白是虛偽的。但是，自白的虛偽性，如果都只能像這樣依靠物證間接使真相大白的話，大部分主張冤罪的案件是無法得到救贖的。因此，我們需要分析嫌犯在偵訊室落入自白及其述說自白內容的過程，進而找到可以揭露虛偽自白的方法。

在本書中，我會用足利事件菅家先生的案件當作一個「範例」，該案是以物證證明無辜，同時，我也會加入我本身曾參與的幾起主張冤罪的案件，具體討論偵訊場合自白過程所潛藏的問題點。

對照上述虛偽自白過程模式，首先，我會在第二章指出關於「落入自白」的過程，讓無辜的人落入虛偽自白的危險因素為何？接著關於「自白內容的具體展開」過程，無辜的人正因為他是無辜的，所以才無法敘述犯罪內容，在第三章第一到第三小節，我會舉出能夠完全展現出無辜者「無法敘述犯罪內容」的案例。此外，當一定程度敘述了犯罪內容後，無辜者就會把自己當作是真凶，並且想像、試圖具體且詳細地敘述犯罪內容，這時就會顯露出非親身體驗犯行的人所展現的「不自然的敘述」。我會在第三章的第四到第七小節提供這樣的案例，從分析該敘述去探索看出虛偽的方法。最後，我會把焦點放在無辜的人是如何跳脫出一路以來所維持的自白，討論「自白撤回」的過程，並分析其撤回自白後是如何解釋至今為止所做的自白，藉此提示無辜者的特徵。

上述的各個過程，都會在舉出的個別具體案例中來討論。這些案例，除了足利事件菅家先生的自白之外，都是現今仍反覆聲請再審的案件。雖說在這樣的情況下，並沒有一個確定判決來替我掛保證，但每一個案例，我都會以心理學理論為依據來進行論述。

第二章
落入自白：足利事件、狹山事件、清水事件

無辜者雖然明知自己是無辜的，仍然落入了虛偽自白。這到底是為什麼呢？那種被當作嫌犯的心理狀態，是旁觀的第三者所不容易理解的。一方面，在這種情況下，偵訊人員很容易被認為明知嫌犯是無辜的，卻執意以暴力手段追究，意圖使其落入虛偽自白，也就是所謂的造假。但是，這麼過分的事情，普通人是做不出來的。倒不如說，偵訊人員並不是明知道嫌犯是無辜的，還使他落入自白，而是確信嫌犯就是犯人，才會完全沒考慮其無辜的可能性而深入追究。結果，當嫌犯落入自白，偵訊人員便會更加確信，既然自白了，那麼他果然就是犯人。這樣看來，在某種意義上，其實偵訊人員並沒有惡意。而那樣的心理，接下來在本書會更進一步討論。

◆1、僅只一天的陷落

憑藉錯誤的DNA鑑定所造成的「沒有證據的確信」

首先，我們來思考一下足利事件中菅家先生落入自白的案例。因為菅家先生的自白，就是經由物證證明其為無辜者虛偽自白的例子。

如方才所述，菅家先生是在案發一年後，突然被以任意同行的方式帶到偵訊室，而在那一天內就落入自白了。依照警察的法庭證言，警察當天早上七點左右到菅家先生家，要求其任意同行，菅家先生雖然當場否認了犯行，但到了足利警局，吃了便當，接受測謊，然後經過共九個小時又十分鐘的偵訊後，在晚上十點半左右做出了自白。在如此短的時間內自白，通常都會認為這絕對是凶手真正的自白。然而，那卻是一份虛偽自白。

僅僅一天，九個小時多的任意同行下的偵訊，明明偵訊過程中也沒有使用暴力，為什麼無辜的人仍會落入虛偽自白呢？在發現這是冤案後，如前所述，再審法院、最高檢及警察廳，都敘述得好像會發生本件虛偽自白最大的原因，在於菅家先生有迎合他人的性格。但如果用這種思考方式，就抓不出問題的根源。在此，我們必須思考的問題是，說到底還是偵訊人員確信菅家先生就是真凶，沒有一點點想像無辜可能性而進行偵訊的這項事實。

足利事件發生當時，DNA鑑定做為科學偵查的新武器，正被導入刑事程序中。這樣的DNA鑑定，得出菅家先生的體液與被害女童衣服上附著的體液DNA一致的結果，使得偵訊人員確信凶手絕對是菅家先生。但是，那份DNA鑑定出錯了。判斷有罪的王牌證據是錯誤的，在這層意義上，偵訊人員對菅家先生所抱持的有罪確信，事實上只不過是「沒有證據的確信」，而這樣的確信，把菅家先生逼迫到做出虛偽自白的程度。

追求道歉型偵訊的危險性

偵訊人員到菅家先生家，要求他任意同行的時候，據說其中一位偵訊人員當場從胸前口袋拿出被害女童的照片，擺在菅家先生面前，逼迫他道歉。菅家先生在再審無罪後的手記裡，敘述了當時那個場景：

（面對被擺在眼前的照片）不知道該怎麼辦，雖然覺得混亂，但我對著照片雙手合十，希望小女孩一路好走。我是用這樣的心情祈禱著，沒想到這麼做之後，他們又開始不斷大聲怒罵我，喊著「就是你做的沒錯吧！」我已經說明了很多次我沒有做，搞不懂為什麼會遇到這種事？這樣想著，不自覺地眼淚就流了出來。雖然這樣哭可能很沒有大人的樣子，但我那時一邊被威脅，只得一邊哭著重複地說「我什麼都沒有做。」（菅家利和，《冤罪》，朝日新聞社，二〇〇九，頁一一一—一一二）

從偵訊人員的角度來看，誘拐女童、對她做了猥褻行為，還把女童殺掉棄屍河畔，嫌犯是以這樣罪行重大的樣貌出現的，所以要他道歉謝罪，這種心情也不是不能理解。但是，正是這種追求道歉型偵訊才危險。因為，要求道歉都是在有罪的前提下，其背後有著「沒有證據的確信」在作用著。菅家先生之所以落入虛偽自白的最大理由，首先就在此處。

不管怎麼說都沒有用的無力感

無辜的人在什麼樣的心理狀態下會落入虛偽自白呢？菅家先生從被要求任意同行到進入偵訊室後，都持續堅持否認犯行。偵訊過程中，雖然存在對內向的菅家先生來說具相當程度暴力式的對待，不過，偵訊人員並沒有直接使用暴力強迫其自白。而最初階段，雖說曾經一度被扯頭髮、踢小腿前側，但菅家先生自己也說，並不到暴力那般強力的程度。也就是說，讓菅家先生落入自白的，並不是暴力。菅家先生於前述手記中如此寫道：

> 他們那些人，對於自己不想聽的話什麼都聽不進去。就算我說「我沒有做」，他們也絕不停止偵訊。我的說法、我的不在場證明，什麼都聽不進去。只是一味像咒語般重複地說著「犯人絕對就是你！」

菅家先生告訴偵訊人員自己沒有做。但是，不管說什麼，偵訊人員完全不理會、一點也聽不進去。因為他們深信菅家先生就是犯人。偵訊人員依憑著那份「確信」，拒絕接受菅家先生的無罪主張，把他逼到牆邊做出虛偽自白。

「你就是犯人！」在偵訊人員這份絕不退讓的「確信」前，不管菅家先生多麼想要解釋說明，都無法被聽進去。這樣的偵訊冗長地持續著，不知道什麼時會結束。在這種情況下，無辜的人即陷入了一切都是徒勞的無力感。

因為是任意同行的偵訊，嫌疑人應該可以在偵訊中要求離開，話雖如此，偵訊人員也不會輕易地就放你回去。菅家先生被要求任意同行的這一天，正好是他任職的幼稚園裡老師結婚的日子，他原受邀參加婚禮，便向偵訊人員表達希望能如期赴約，而這樣的請求也被無視了。

期待已久的結婚典禮早已結束，卻只能在警局吃了午、晚餐的便當，啜飲了幾口冷掉的茶。從早上醒來後，一根菸都沒能抽上，還累積了很多精神壓力。「只要承認是你做的，就可以輕鬆了。」這樣的話已經聽了非常多遍。警察這種「沒自白的話就不讓人回家」的內部方針，我是到很後來才知道的。倒不如說，我那時候已經深信，只要不自白，就不可能從偵訊中被解放。精神上、肉體上都已經疲倦，有時候睡意襲來，點著頭感覺自己快睡著地打盹。接下來的事情，什麼都無法思考。無論如何都想要逃離那個場所，到了晚上十點，卻已經變成「隨便吧！怎樣都好！」這樣自暴自棄的心情。隨後，「我知道了，是我做的。」這樣一句話，不知不覺就從我的口中迸出來了。刑警這種人，都是些現實的傢伙。H刑警的表情突然開朗起來，溫和地說，「噢，這樣啊。」然後，沒一會兒就走出了房間。

因為H刑警態度的變化而放鬆的情緒，與明明沒有做卻仍做出自白這樣不甘心的情緒交錯著，眼淚不聽話地溢了出來。（前述手記頁一七－一八所載）。

確實，僅僅一天，只經過了九個小時多的時間就落入自白這件事，可能與菅家先生性格上的脆弱有關。但是，我們不能去責怪他的脆弱。不管是精神有多麼強韌的人，身體被拘留在一個空間而出不去，不斷持續被這般偵訊時，那種怎麼說都不被理會、接受的無力感，最終是撐不住的。

「無辜者易落坑」的弔詭

在這裡，我想必須要提出一個弔詭之處。那就是，在一個「怎麼解釋都沒有用」的環境裡，比起真正的犯人，無辜的人是更加辛苦的。

比如說，試想一個對比的狀況：今天嫌犯是真正的犯人，而他否認犯行，說自己沒有做。此時，偵查人員若確信嫌犯是真凶，進行偵訊，那麼站在該嫌犯的角度，確實也是「怎麼解釋都沒有用」的情況。就這一點而言，其實客觀上跟無辜者所面臨的處境沒有差別。但是，真正的犯人在否認犯行時，明知自己在說謊，而偵查人員無法相信這個真凶虛偽的否認，自然也是理所當然的。如此一來，即使無辜者跟真凶都同樣面臨「怎麼解釋都沒有用」的情況，真正的犯人卻不會感受到如無辜者般的無力感。

相對的，無辜者會覺得，因為自己沒有犯案，只要好好解釋說明「我沒有犯案」，偵查人員就會理解。但結果卻不然，反而怎麼解釋偵查人員都聽不進去。也正因如此，無辜者才會陷入無力感之中。而打定主意要否認的真凶，並不會被無力感折磨，所以也不會輕易自白。這就是比起真凶，無辜者反而會更容易陷入自白的重要原因。

對於可能發生的刑罰，沒有現實感

會形成「比起真凶，無辜的人更容易落入自白」這種弔詭情況的重要原因，有一點我必須再提示一下：那就是，自白後被判有罪時，可能發生刑罰施加在自己身上的現實感。

我們總會覺得，在一些只要被判有罪就必須覺悟可能面臨死刑的重大案件中，無辜者怎麼可能還會做出虛偽自白。不過，這裡其實也有一個盲點。嫌犯如果是真凶的話，對於自己被追究的案件是有鮮明的記憶的，真凶將會強烈感受到這種現實感——倘若自白，做出如此凶殘行為的自己將有可能被判死刑。因此，對真凶來說，預測未來可能發生的刑罰，有阻止自己自白的作用。但是，無辜者對那樣的刑罰並沒有現實感。為什麼呢？因為畢竟自己什麼都沒做。照理說，被判有罪的話是逃不過死刑的，然而那份現實感並沒有跟著一起湧現。

再者，雖然說自白了，也不是脖子馬上就會被套上繩索。刑罰是將來有可能會發生的，但當下的現實是偵訊的痛苦，為了躲避眼前的痛苦，先暫時對將來刑罰落入自己身上的可能性睜隻眼閉隻眼，也是有可能的心理。或者會這樣想，「就算先在這裡自白了，之後到法庭上，法官應該也會幫我查清楚的。」因此，將來可能會發生的刑罰，並不能阻止無辜的人做出虛偽自白。實際上，足利事件的菅家先生回想自己落入自白的時候，說了這麼一句話：「**當時，可以說完全沒有想到未來的事情……也沒有對死刑感到恐懼。**」（前述手記，頁三七）無辜者心中這樣的現實狀況，是很多人不知道的。

另外兩起案件的自白

菅家先生其實在真實小妹妹案件的偵訊告一段落，遭到起訴之後，也被追問另外兩起受矚目的案件——萬彌小妹妹與有美小妹妹的案件，但菅家先生沒怎麼抵抗就自白了。誘拐、殺害三名女童，怎麼想都該知道是不可能逃過死刑的。儘管如此，當時，菅家先生已然處於連重新抵抗偵訊人員的力氣都沒有了的狀態。

只是，另外兩起案件已時隔多年，可能在新聞上聽過，但到底是什麼樣的案件，幾乎沒有記憶，就算落入自白，也無法具體說出犯罪經過。大概偵查機關也認為這樣不可行，所以檢察官並沒有起訴這兩起案件。

無論如何，無辜的菅家先生承認犯下三起必須覺悟到可能獲判死刑的拐殺女童案，這件事在我們了解究竟何謂虛偽自白之後，具有相當重要的意義。從菅家先生的角度來看，正因為自己沒有犯案，所以對刑罰沒有現實感，而且刑罰充其量只是一種將來的可能性。這樣說來，刑罰的重量並不足以防止無辜者做出虛偽自白。

對於無故被懷疑、接受偵訊的人來說，被懷疑這件事本身就是一件非現實的事情，更何況是還遠在他方的刑罰，根本無法產生現實感。這些對於無辜者本人是理所當然的事情，但大多數的人沒能注意到，才會輕易斷言說，「無辜的人若是覺悟可能被判死刑或無期徒刑這樣的重罰，怎麼可能做出虛偽自白？」

偵訊現場「沒有證據的確信」的作用

在偵訊人員與嫌犯一來一往的偵訊現場，他們的互動關係，在心理學上是怎麼解釋的呢？在那裡，虛偽自白又是如何被引出來的？思考這件事情的時候，會發現導致虛偽自白出現的最大因素，在於偵訊人員深信眼前的嫌犯絕對是真凶的那份確信。實際上，有些案件，從第三者的角度冷靜地觀察，也會覺得怎能用如此脆弱的證據去斷定嫌犯，並且完全不考慮嫌犯無辜的可能性。然而，即使在那樣的情況下，偵訊人員也並非明知被偵訊者是無辜的，卻仍持續追究。但因為從證據掌握的狀況看起來，沒有自白就無法立案，所以就算多少有嚴厲的偵訊，也要取得自白來立案，偵訊人員心中有這樣的情緒作用著，才會從腦中排除了無辜的可能性。

此外，警方的偵查是組織性的運作，即使個別的偵訊人員認為這起犯行非該嫌犯所為，當偵查團隊一鼓作氣朝嫌犯有罪的方向去調查時，個別的偵訊人員是說不出心中疑慮的，說出來可能不妥的心理作用使其只得視而不見，讓事情就這麼過去。然後，偵訊人員徹底斬斷嫌犯無辜的可能性，確信對方就是真凶。由此可知，無辜者虛偽自白的背後，存在著偵訊人員集體運作的「沒有證據的確信」。

當然，現在已經禁止嚴刑拷打等暴力式的偵訊手段，如果被發現使用那樣的方式，就算是真凶所做的自白，也會因爲任意性被否定而失去證據能力。再說，偵訊人員不會笨到去使用顯而易見的酷刑或暴力的手法。但是，即便如此，只要不考慮無辜可能性的偵訊手法仍舊持續著，無辜者落入虛偽自白的情況就沒有根除的一天。問題並不是有無使用暴力手段，而是前提上偵訊現場是否被偵訊人員「沒有證據的確信」所支配。

如此說來，「沒有證據的確信」看起來好像是非常特殊的心理狀態。其實不然。反倒可說是我們日常生活中常有的心理。

日常生活中的「沒有證據的確信」

我們來思考一下，所謂「確信」是怎麼樣的一件事呢？舉個例子，比方說，今天一個媽媽親眼看到孩子從她的錢包抽出一張鈔票，放到口袋的這個現場。那個情況，我們不會說媽媽「確信」孩子拿了錢，而是媽媽「知道」孩子拿了錢。也就是說，「確信」與「知道」是不一樣的。兩者之間有個區隔，人之所以會「確信」，是源自「不知道」而來。

我們每個人以身體的感官去知曉周遭世界所發生的事情。但是，用感官所知曉的世界有其限制。除了我們以自己的感官直接了解到的世界之外，其他人也以同樣的方式去認識他們周圍的世界，在人與人的互動下，自身本來無法直接知道的世界因而展開擴大。而別人所生活的那個世界，已經超越了我們自身所直接知道的世界，所以只能仰賴語言構成的對話或傳聞，又或者推測、思考等等，間接地取得資訊。因此，這樣的間接世界無法如自己本身所生活的直接世界一樣，以同樣的方式確實地「了解」，總是有些曖昧不清之處。不過，讓模糊之處繼續模糊不清，或者讓懷疑繼續只是懷疑，是很困難的，多數的人通常都會「確信」就是如此，並且基於這種確信繼續行動。

讓我們回到剛剛的例子。在媽媽不經意的時候，放在客廳的皮包裡的錢不見了。這時，如果以前曾經有過孩子從自己皮包裡拿錢的經驗，那麼，「又是孩子拿了？」對孩子的懷疑會從腦海浮現。縱使沒有明確的證據，這樣的懷疑還是很容易導往「確信」的方向。也就是說，在懷疑階段，或者搞不好更糟一點，馬上就發火罵小孩了。無法確實掌握證據、認定是事實之後再發火，這就是所謂「沒有證據的確信」。

要達到所謂的確信，當然也必須要有相當的證據或依據。然而，只要不是直接目擊，就無法說是具有充分說服力的證據。正因如此，當被「沒有證據的確信」所驅使時，人會為了追求更多的證據，而想要取得自白。深信孩子從自己的皮包拿了錢的媽媽，對表示自己沒有拿的孩子生氣，要孩子「老實說！」要求他「好好道歉！」，就是那樣的心理。

「沒有證據的確信」這個心理狀態，與我們的日常生活緊密相連，並不是只會發生在偵訊室裡。因此，贏不過媽媽的氣勢，膽子比較小的孩子可能會落入虛偽自白是可以理解的。這類型的冤案，在我們日常生活中也可能常常發生。

問題在於當這件事是發生在偵訊的場合。偵訊室中的「沒有證據的確信」有時甚至會從無辜者口中逼出虛偽自白，而使那人的人生徹底崩塌。我們知道這件事情的話，在偵訊的現場，就應該要時時意識到這種確信的危險，不管是多麼可疑的嫌犯，都應該在腦中形塑對方「搞不好是無辜」的可能性，去設定偵訊的提問。然而，很可惜的是，日本的刑事偵查程序總是把重點過分放在「如何舉證嫌犯有罪」這樣「掌握證據」的部分，有時反而迷失了偵查本來應該要有的方式。而足利事件，就是其中一個典型的例子。

◆2、長時間訊問的後果

人身拘束下的偵訊及無罪推定的欠缺

足利事件菅家先生的案件裡，基於錯誤的ＤＮＡ鑑定，偵查人員處於沒有證據確信的狀況下進行偵訊，菅家先生在被偵訊不到一天的狀況下就自白了。這樣看來，就更別說那些被偵訊幾天甚至幾十天的案子了，就算是無辜的人，大多數也會落入虛偽自白。

在日本的司法實務中，嫌犯遭逮捕後，會先後接受警方四十八小時、檢方二十四小時的偵訊。接著，若有必要，會羈押十天。十天後若還有必要，會再延長羈押十天。也就是說，可能總共有二十三天的時間，會在身體被拘束的狀態下接受偵訊。嫌犯的身體被拘束，主要的理由是有逃亡或湮滅證據之虞，而這說到底是以有罪的可能性為前提去設想，若從無罪推定的原則來看，不應該輕易容許。

實際上，只要稍微想一下「嫌犯搞不好是無辜的」，那麼將嫌犯羈押二十三天進行偵訊這種事，實在是太可怕了，根本做不出來。但在日本的法律實務界，這種情況很容易就被允許。反過來說，日本司法實務所想像的前提是，雖然嫌犯長期處於「導向有罪的強力磁場」，但如果是無辜的，應該就可以撐得過去。然而這種想像，實在是太不切實際了。

一個人遭到逮捕、羈押，從與周圍建立起來的人際關係中分離出來，丟到根本沒見過的偵訊人員之中，被團團圍住。在孤立無援的狀況下，長時間困在偵訊人員「沒有證據的確信」的漩渦裡，有多少人可以撐得過去？在此，我以狹山事件——一件長期奮鬥的冤案——為例來說明。

狹山事件的概要

狹山事件發生在一九六三年五月一日。那天，適逢十六歲生日的Y女在剛過下午三點左右，從就讀的川越高中入間川分校騎著腳踏車離開，之後便行蹤不明。當天晚上七點半左右，Y女家收到一封恐嚇信，內容寫著「如果在意小孩的性命，五月二日晚上十二點帶著二十萬過來！」

警方收到這家人的通報後，以五月二日晚上十二點為基準做準備，在犯人指定的地點埋伏。在該處，雖然犯人真的出現了，但警方卻沒能逮到他。接著，隔了一天到了四日，Y女的遺體被發現埋在農業道路上。解剖後，發現被害人死前曾遭到性侵，並從殘留的精液檢測出嫌犯應為B型血。錯失犯人的警方顏面盡失，在國會裡也被當成問題事項檢討。

在這樣的時空背景下，發現遺體的現場附近，出身「被差別部落」[5]的石川一雄被認為有犯罪嫌疑，在事件發生三週後的五月二十三日，以其筆跡與恐嚇信筆跡一致為由將之逮捕。從那個時間點開始，他便被不斷地嚴厲偵訊，於近一個月後的六月二十日落入自白，供稱同夥三人一起犯案。三天後的六月二十三日，石川先生改變說詞，承認強盜、性侵、殺人及遺棄屍體全都是他單獨犯下，這個說法又再次被製作成詳細的自白筆錄，最終於七月九日被起訴。

甚且，石川先生的自白與菅家先生一樣，並沒有就此結束。起訴後經過兩個月，在九月四日開始的一審審判中，石川先生也沒有否認，就這樣維持了自白。但是，受石川先生家人委任的辯護人，從證據關係上判斷他不會被判有罪，因此做了無罪主張。在此情況下，該案是以被告維持自白的自白案件來進行，僅僅花了六個月的審理時間，於一九六四年三月十一日，即宣判死刑。

石川先生撤回自白轉為否認，是在上訴第二審一開始的時候，從那個階段開始，他終於能夠在強力的辯護團、救援會的支援下爭取清白。然而，第一審維持的自白成了最大阻礙。東京高等法院在歷經十年的審理後，於一九七四年十月三十一日宣判，第二審判決雖然撤銷了死刑判決，仍維持有罪的結論，改處無期徒刑。辯護團上訴三

5 譯注：日語「被差別部落」的「差別」，是歧視的意思，是日本的社會問題。據傳被差別部落起於平安、江戶時代階級制度，被稱「非人穢多」，為士農工商以外最下層的人，明治時代廢除階級制度後雖被賦予「新平民」的稱呼，但仍然會因為被知道出身於某地區某部落，遭到歧視。

審，卻在一九七七年八月九日被最高法院駁回，二審判決因此確定。在那之後，雖然也聲請再審，裁判的纏鬥持續不斷，仍無法被肯認是一起冤案，就這樣到了一九九四年十二月二十一日，石川先生獲得假釋出獄。這已是他被逮捕後的第三十一個年頭。之後的二十多年，也不斷聲請再審，但每次都被打了回票，直到現在。

石川先生被偵訊的經過

讓我們一起來看看，石川先生在偵訊室中落入自白的過程。石川先生的情況是，從被逮捕到自白，期間歷經了相當漫長的偵訊過程，自白後也經過一段奇異的曲折。首先，表一統整了從案件發生到石川先生被逮捕、再次被補、然後落入自白，接著被起訴的這段時間的經過。我們先來確認那段經過。

石川先生在事件發生後三週的五月二十三日被逮捕，當時的嫌疑重點並不是性侵殺人及棄屍，而是寫恐嚇信投遞到Y女家，要求贖金這項恐嚇未遂的罪嫌。警方在這個罪嫌上，再另外加上兩件輕微犯罪的嫌疑將其逮捕。在偵訊中，石川先生直白地承認另外兩件，也自白了其他幾個案件，但是關於恐嚇信，他則是一再否認。檢察官只起訴了其他幾件，六月十七日法院准予保釋，石川先生才從看守所出來。不過，在他出看守所之後，馬上又被警方以殺人罪嫌逮捕。石川先生絕食抗議，結果卻在再次被補的三天後，六月二十日承認他寫了恐嚇信。接著，他表示性侵、殺人是另外兩個朋友做的，否認自己在那部分的參與，給出三人犯行的自白版本。

關於這份三人犯行的自白，石川先生維持了三天，他在六月二十三日又改變說法，表示自己一人單獨犯罪，自白承認了所有罪嫌。根據石川先生的自白，六月二十一日發現了Y女上學用的書包，接著，在石川先生自白承認所有嫌疑後的六月二十六

表一　狹山事件筆錄製作經過

5.1	案件發生
5.4	Ｙ女的遺體被發現
5.23～	石川先生被逮捕 （恐嚇信及另案） 在以寫恐嚇信為主的偵訊中，始終否認參與本案
6.13	因另外九起案件被起訴
6.17～	保釋 馬上又因殺人等罪嫌被逮捕 集中式的偵訊
6.20	落入自白 同夥三人一起犯行的自白
6.21	發現Ｙ女的「書包」
6.23	落入獨自犯行的自白
6.26	發現Ｙ女的「鋼筆」
7.2	發現Ｙ女的「手錶」
7.9	起訴石川先生

日，在石川先生家發現Y女的鋼筆，七月二日又依其自白在路邊發現Y女的手錶。

在之後的審判裡，Y女遇害時所持有的書包、鋼筆及手錶，都被認定是根據石川先生的自白而發現的，這個「祕密的暴露」成為決定石川先生有罪的重要事項。但是，關於這部分，也被懷疑有可能是偵查機關偽造的證據（有關書包，會在本書第三章第二節提及）。

確認上述經過後，首先，石川先生的偵訊是以什麼樣的方式進行的呢？我們來檢視一下，石川先生否認犯行的階段。

憑藉脆弱證據的逮捕

石川先生之所以被逮捕，是因為他的血型為B型，與凶手的血型一致，另外是鑑識人員的中間報告，表示Y女家收到的恐嚇信的筆跡與石川先生的筆跡相似。不過，警方是在五月二十一日對石川先生的筆跡採樣，隔天二十二日送交鑑定，而鑑定報告會在六月完成。換言之，以筆跡做為證據在五月二十三日即先行逮捕，是太早了。當然，如果一看就覺得是同一個人的筆跡的話，的確有可能在正式鑑定結果出來前發布逮捕令。實際上，鑑識的中間報告記載筆跡「非常相似」。但是，我們真正把兩者拿出來並排比較，就算是一般人的眼睛，也看不出所謂的「非常相似」。

出身被差別部落的石川先生，連小學都沒辦法好好上完，文字的學習也不足夠，到案發那年，也就是石川先生二十四歲為止，幾乎是過著沒有文字的生活。這樣的石川先生，被警方要求寫下案發當天的不在場證明（圖二下方），那份筆錄就被送交鑑定了。

如果看石川先生的筆錄，我們可以發現連平假名都有寫錯的地方，文字也寫得坑坑洞洞，每個字的落筆都缺乏勁力。另一方面，恐嚇信中有使用夾雜漢字的詞彙，雖說稱不上寫得很順暢，但是字字連筆，落筆也有勁，明顯是一個習慣寫字的人的筆跡。「小孩命就沒了」這個寫得比較大的部分，看起來不是當時的石川先生能寫得出來的。即使只用這一點比較兩者，也無法相信如鑑定結果所述，兩者為同一人的筆跡。

然而，石川先生在不在場證明的筆錄中說了謊。該份筆錄中，石川先生陳述自己在案發當天跟哥哥一起到自家附近的M的住所，去幫忙修理屋頂。警方調查後發現這並非事實，明顯是個謊言。石川先生也在被逮捕後很快地承認自己說謊。案發後，警方在石川家附近調查，逐一問話，最終也來到他家。由於石川先生沒有固定的職業，平常東晃西晃，家人擔心他這樣容易遭人懷疑，才準備了不在場證明這樣的謊話。而這樣的謊言，加深了偵查機關對石川先生的懷疑。

不過，我們逆向思考看看，真正的犯人會說這種一調查馬上就被戳破的謊言嗎？反倒是，無辜者沒有被逮捕的緊張感，所以才會說這種謊言。這樣想比較合理吧。總而言之，這個謊言本身被當成疑點，對石川先生產生了不利的影響。

姑且不論這個謊言的問題，偵查機關懷疑石川先生牽涉本案的根據，最初除了恐嚇信的筆跡之外，沒有任何確實的證據。警方把筆跡當作突破的出口，對石川先生百

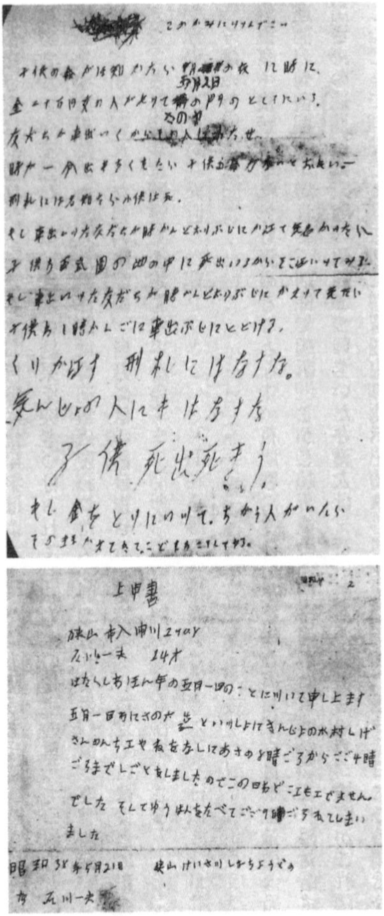

圖二　恐嚇信與當時石川先生的筆跡

（狹山事件辯護團提供）

般追擊，但石川先生毫不妥協。

石川先生從一開始就主張自己字寫不好，也不認得字，寫不出那種恐嚇信。而筆跡鑑定結果擺在眼前時，他雖然一邊認同「研究文字的老師所說的話是可信的」，實際上恐嚇信中使用的文字，譬如「小孩」、「命」、「東」、「西武園」、「池」、「刑事」、「知道」、「友」等漢字，他卻說他寫不出來。這些是非常直白誠實的回答，而警方也不否認石川先生寫不出漢字這件事。

對辯護人的不信任

即便如此，警方及檢方沒有放棄，仍然不斷地追究石川先生。六月十四日，第一件案子逮捕的羈押期限屆滿，另案被起訴，又用這個另案的名義再度聲請羈押。針對此事，受石川先生家人委任的辯護人向法院聲請了保釋，因檢方提出反對意見，辯護人進一步要求開示羈押理由，法院因此裁定在六月十八日為開示羈押理由開庭。辯護人將此事轉知石川先生時，把這個開庭稱為「審判」。石川先生聽了之後，滿心期待可以在法庭上向法官主張自己的清白，結果卻與石川先生的期待相違。

法院在六月十七日裁定保釋，石川先生因此從看守所被釋放。這的確是聲請保釋的辯護人所希望的結果。但是，警察就在外頭等著保釋出來的石川先生，再次以性侵殺人罪嫌將他逮捕。努力堅持否認，想著終於要被釋放了的下一秒，自己卻又被抓回偵訊室，對石川先生來說，這會是多麼大的打擊！不僅如此，另案羈押因保釋裁定而停止執行，所以羈押理由開示的開庭也跟著取消。這件事也背離了石川先生心中「在審判中向法官主張」的期待。

這一連串的法律程序，想必超越了石川先生當時可以理解的範圍，在他心中埋下了無法信任辯護人的種子。對被逮捕的嫌犯來說，辯護人應該是唯一可以救助自己的人，但石川先生尚且無法了解這個素未謀面的辯護人，究竟扮演著什麼樣的角色。追根究柢，「辯護人到底是敵人還是夥伴？這都不清楚了。」（石川先生在上訴審的意見書中這麼寫著）在這樣的狀態下，他所期待的「審判」又被中止，還遭遇讓他無法理解的事情，石川先生心中對於辯護人的不信任感更逐漸增強，最終演變成愈發將自己推入困境的結果。

另一方面，警方再次逮捕石川先生後，為躲避媒體的目光，更換了看守所，對石川先生進行了連日的偵訊。但即便如此，也沒有出現足以支持再逮捕罪嫌的新證據。

再逮捕後的偵訊過程中，石川先生一開始雖然以絕食抵抗，但仍於六月二十日，在認識的警察（關姓巡查部長）的偵訊中落入自白，並承認投到Y女家的恐嚇信是自己寫的。不過，這個時候，石川先生說的版本是三人犯罪，自白內容提及犯下性侵殺人的不是自己，而是一起去的另外兩個朋友做的。

錄音帶紀錄——偵訊人員的「沒有證據的確信」

石川先生落入自白時，自最初逮捕後已經過了二十九天。在那段期間，除了因另案所進行的偵訊之外，調查官將所有偵訊的重點都放在恐嚇信上，並反覆對石川先生進行訊問。那麼，偵查的內容又是什麼呢？最初，除了偵訊人員記錄的十九份否認筆錄之外，沒有任何方法可以直接知道偵訊過程的具體情況。不過，在該案經過近半世紀後的二〇一〇年，才知道部分偵訊錄音帶仍存有約十五個小時多的錄音資料，因而獲得開示。其中大多都是落入自白後的偵訊，不過，有一小部分收錄石川先生快要落入自白前否認階段的情況。

從這段錄音中，可以清楚掌握偵訊人員的「沒有證據的確信」。我們挑一個段落來看看。從底下的逐字稿可以知道，追究石川先生的偵訊人員絕對不是使用暴力手段，在某個意義上，反而可說是詳細、慎重地在說服石川先生（逐字稿中■■是聽不清楚的地方）。但是，他們卻絲毫沒考慮過眼前的石川先生在本案中無辜的可能性。

A刑警：有寫沒寫，這個已經什麼都不用說了，就是石川你了。是吧，不是別人。石川你說是吧，有寫，還是沒寫？是別人寫的之類的，不是說這種話就可以挽回的，是你寫的！這件事已經確定了。知道嗎？所以，就是這個部分……你不好好理解這件事，我們會很困擾的，好嗎？之後，石川你有什麼事情，希望之後這樣幫你那樣幫你，有這樣的事情的話，怎麼說呢？不是不能談的，知道嗎？互相互相嘛。簡單來說，這個是石川你寫的，沒錯的。這個部分，我要先跟你說清楚，你要是之後又改口說不是你，這個就麻煩了喔！我們有幾顆頭都不夠砍[redacted]。知道嗎？這個已經是定案了，就是石川你寫的。是什麼理由寫的？就是這個而已，這個部分石川你有陳述的義務。

B刑警：就是啊。

A刑警：知道嗎？其他的事情可以再談，寫了還是沒寫，這件事情已經確定絕對就是你[redacted]。只是，到底是什麼理由寫這封信？總不會沒理由吧！那個理由，就是要你告訴我們的。這個部分是沒什麼好商量的了。這件事情已經不是說不是那樣、還是不是這樣，有寫沒寫的事情，知道嗎？你寫了這封信，這已經是千真萬確。所以說只是那個部分，怎麼說，石川你要負起責任。知道嗎？到底是什麼理由寫了這封信，這個責任你是要負的。這個部分，這個是石川你要來處理，沒辦法的事情，知道嗎？石川。別的事情還可以再說，這個部分你一定要了解。

石川先生明明持續地否認，偵訊人員卻一點都沒有想試著傾聽，並擅自斷定恐嚇信就是石川先生寫的。對他們來說，重要的是釐清「寫那封信的理由」。

比對此處成為問題核心、關鍵的恐嚇信與石川先生交代行蹤的筆跡，如同我們在前面看到的，實在很難說是同一個人的筆跡。單純看來，至少我們可以說恐嚇信有可能不是石川先生所寫。這樣的想法很自然吧。然而，A刑警和其他刑警還是覺得寫恐嚇信的，除了石川先生別無他人，並以此為前提追究石川先生，這正是「沒有證據的確信」。

「你們問幾次我的答案都一樣」

偵訊人員以有罪為前提，就這樣完全不聽石川先生的解釋，反覆不斷地追究。而石川先生在這個時候，已經連續否認了二十九天。如果石川先生是無辜的，他的無力感該是多麼地沉重？實際上，石川先生被三名刑警團團圍住，面對他們重複地問話，卻幾乎沒回什麼話。以下這段錄音（逐字稿）顯示，石川先生不斷嘟囔著，「就一樣啊」、「你們問幾次我的答案都一樣」。

A刑警：所以說那個，只要那個部分，我已經說了很多次，不是石川你寫了還是沒寫的問題。已經非常清楚就是你寫的！

B刑警：就是說啊。

A刑警：我們是沒看到你怎麼寫這個的，不過呢，你寫的已經是確定的事情了。知道嗎？但到底為什麼寫呢，[redacted]你不跟我們講，我們就不了解啊！只是這剛剛我也說過了，不是說你把東西藏到哪裡那種問題嘛！[redacted]誒，石川，怎麼樣？你說說看？石川。

石川：就一樣啊。

A刑警：什麼？

石川：你問幾次答案都一樣啦。

足利事件的菅家先生，在預設有罪、逼迫認罪道歉的偵訊下，僅僅一天就落入自白。而石川先生苦撐了二十九天，仍堅持否認犯行，並且為了抗議保釋後隨即再次被捕一事，他以絕食抗拒偵訊。如果石川先生是無辜的，他的無力感應該已經超乎我們的想像了吧。

再者，在最初被逮捕的階段，辯護人應該告訴石川先生，他估計二十三天好好努力撐過去，就會被釋放。人不管再怎麼辛苦或痛苦，只要知道努力到什麼時候得以解脫，就能夠忍耐、保護自己。事實上，石川先生也確實撐過了最初逮捕後的偵訊。然而，石川先生因為再次被捕，不知要到何時才能脫離這痛苦，在這種狀況下，已經沒辦法再保護自己了。

不僅是被無法解決的無力感持續襲擊，也失去了目標，不知道究竟要忍耐到什麼時候。石川先生被逼到絕望的深淵。面對如此嚴峻的處境，有多少人能夠一夫當關，守住自己的真實呢？

在認識的巡查部長的說服下落入自白

石川先生並不是在持續圍攻自己的刑警面前自白，而是在關源三巡查部長的說服下才落入自白，兩人因家鄉棒球隊而熟稔。當地的巡查部長參與嫌犯偵訊雖然有點特殊，但站在偵查機關的角度，他們應該也有意多少緩和一下石川先生頑強否認的情緒吧。

關於石川先生落入自白時的狀況，記錄在關巡查部長的「關於嫌犯石川一雄本人供述筆錄作成一事」報告書中。這份報告書長久以來也被塵封著，是在錄音帶開放閱覽時，同時開示給辯方的。報告記載關巡查部長加入偵訊的時間是在六月二十日「晚上八點之後」。

當時，石川先生以絕食抵抗偵訊。對於這樣的石川先生，H警視問「不吃飯嗎」，石川先生回答，「我不吃。不吃飯，就這樣瘦下去。這樣最後就可以死了。」此時，關巡查部長大聲斥責，「不要說這些傻話！」對此，因為石川先生又用反抗的態度說「我就是要這樣」，關巡查部長以如下報告書所載，開導石川。

本人握著石川的手，對他說了以下的話：「石川，我是你的鄰居對吧。我跟你爸媽說了好幾次，有什麼想轉達的，儘管私下跟我說。前幾天，你姊姊帶仙貝來，說是媽媽叫她帶過來的，讓我轉交。你如果是那種心態的話，我也不再做這些事。不管怎樣，你爸媽要是問我，我能說你說要去死、拒絕吃飯嗎？我是說不出口的喔。」

這麼說服的時候，嫌犯突然深深嘆了一口氣，眼淚嘩啦嘩啦地掉，抽咽不止，大概有兩三分鐘說不出話來。接著，哭得愈發厲害，抓著胸口低頭哽咽哭了好一陣子。

本人對石川說：「石川，你如果還是那種心態的話，我也沒什麼好說的，就這樣吧。」語畢，站起來的時候，嫌犯突然哭著哀求說：「關先生，我沒有殺Y女。信是我寫的，把信拿去她家的人是我。」如此供出了部分犯行。該供述作成筆錄如附件。

這份報告書中敘述的石川先生落入自白的場景，並沒有被收錄在開示的錄音帶裡。不過，該報告書應該不是假的。實際上，如報告書所述，關巡查部長署名的六月二十日供述筆錄在第一審被提出，其中記錄著石川先生承認自己寫了恐嚇信，自白是三人犯案。加上石川先生是流著眼淚落入自白的這件事，如此讀起來，這份被記錄的自白，看起來正是真凶的自白。然而，事情的經過並不這麼單純。

石川先生落入自白的三個重要原因

石川先生的自白是以三人共同犯罪為起點，於三天後的六月二十三日改稱是他一人犯罪，從此處開始，自白內容漸漸變得具體詳細，而與自白相符的證據也逐漸齊全，到達可以起訴的程度。關於其自白過程，法院始終都認為具有任意性，而最終所謂一人犯罪的自白，也被認為具有信用性。據此，經一審法院判處死刑，二審法院判處無期徒刑，最高法院也駁回了石川先生的上訴。就這樣，無期徒刑判決確定，其後反覆多次的再審聲請也沒能改變。

關於石川先生落入自白的過程，法院完全沒有考慮其為無辜者做出虛偽自白的可能性。的確，並沒有跡象顯示偵訊人員對石川先生使用暴力式的偵訊手段，偵訊人員基本上也是根據恐嚇信筆跡與石川先生筆跡一致的鑑定結果追究真相。在這層意義上，可以說表面上並沒有詐欺式的欺瞞性偵訊。因此，光以傳統的虛偽自白模型來看的話，法院認定自白過程具有任意性並不意外。但是，如果以前述新型態的虛偽自白過程模型檢視這個自白過程，就會清楚知道，無辜的人在此有著被迫做出虛偽自白的重大危險性。

首先，偵訊人員在對石川先生的偵訊中完全沒有考慮到其無辜的可能性，確信他是有罪的。在那份「沒有證據的確信」下，導向有罪的強力磁場起了作用。無辜者被捲入其中、陷入不管怎麼解釋都不被接受的處境，最終就會被無力感壓垮。這正是虛偽自白最大的危險因素。

其次，不管多麼痛苦，人如果知道忍耐到什麼時候可以解脫，就能夠忍耐。但是，當那個目標消失時，就會崩潰。石川先生的情況是，完全不考慮他無辜可能性的偵訊持續進行著，忍耐到最後，結果卻在另案被起訴，想著終於獲准保釋，又被警方以殺人罪嫌再次逮捕，嚴苛的偵訊再度開始。落到這般境地的話，就沒辦法去預想接下來會變成怎樣了。

第三，在被這樣的無力感與絕望感壓垮的狀態下，第一次從石川先生口中引導出自白的，是家鄉熟知的警察。從石川先生的角度來看，因為被逮捕，獨自從與家人以及周圍的人所構築的人際關係網絡中抽離，被一些從未見過也不認識的偵訊人員包圍，孤立無援，持續著怎麼解釋都不被聽進去的偵訊及再逮捕，也不知道會持續到什麼時候。正是在這樣的狀況下，關巡查部長加入了偵訊。

被無力感所襲擊，失去目標而跌入深淵的石川先生，自然會對幫家人送東西給自己的關巡查部長抱持希望吧。不過，關巡查部長畢竟是偵查組織的一員。以從縣警察本署派來的警視為首、熟練的刑警們所進行的偵訊中，關巡查部長以職等最低的立場參加這次偵訊，暫且不論他內心是怎麼想的，在那個場合，應該也只能任由自己跟隨著有罪方向這個強力的磁場。不管多麼設身處地參與這個案件，至少對於石川先生的無辜主張，他是無法站在單純傾聽的立場的。

結合這樣多重的危險因素的狀況下，就算是意志力多麼堅強的人，也很難抵抗。然而，目前為止，法院都沒有把這些心理上的危險因素好好提出來檢討。

◆3、完全不傾聽的偵訊

清水事件的經過

在清水事件中接受偵訊、最後落入自白的袴田巖先生，也跟狹山事件的石川先生一樣，在事件發生大約半世紀後，偵訊錄音帶方獲得開示。從錄音中，我們才知道偵訊殘酷的情況。

清水事件是距今超過五十年的案件，於狹山事件案發三年後的一九六六年六月三十日凌晨，發生在靜岡縣清水市（現在的靜岡縣清水區）。清水市一間味噌製造公司的專務董事H一家四口遭人刺殺、縱火致死。這起案件一直以來被稱作袴田事件，在這裡我將它稱為清水事件。

這起案件中被認為是犯人的袴田巖先生，是專務董事H所經營的味噌工廠的工人，住在工廠宿舍。事件發生後，因為左手手指有傷口，以及睡衣上沾有與自身血型不符的血液而被懷疑。警方進行跟監偵查，在案發後第四十九天的八月十八日，袴田先生於任意同行下接受偵訊，而後遭到逮捕。

一開始，袴田先生抵抗偵訊人員的追究，對偵訊採取反抗的態度。但是，在被逮捕後經過十九天的連日偵訊，部分偵訊甚至持續到深夜，且過程中執意要求袴田先生說明睡衣上為什麼有其他人的血跡，袴田先生最終因為這般執拗的追究而屈服，於九月六日落入自白。從那個時候開始，袴田先生被多次要求提供供詞並製作成數份自白筆錄，於九月九日起訴。之後也做了數份自白筆錄，在審判階段共有四十五份自白筆錄做為證據提出，其中包括二十八份警訊筆錄、十七份檢察官偵訊筆錄。

袴田先生一進入審判階段就翻供否認犯行，主張偵查階段的自白都不是真的，但第一審判決做出罕見的判斷，排除四十五份自白筆錄中的四十四份，只採用其中一份檢察官偵訊筆錄當作證據。

排除二十八份警訊筆錄的理由是，在九月六日落入自白為止「持續每天平均偵訊十二小時」，且「偵訊——若一併考量其與外部切斷聯絡之密室裡偵訊本身氛圍的特殊性——對於被告的自由意志，有強制、壓迫性影響的性質。」因此，不認可該自白的任意性。這個判斷本身可說是相當正確。

但另一方面，關於檢察官偵訊筆錄，法院認為除了九月九日起訴之前製作的那一份之外，之後記錄的十六份，都是起訴後對具有被告身分之人所進行的偵訊。對起訴後具有被告身分之人的偵訊，與對起訴前為嫌犯身分之人所進行的偵訊不同，起訴後的強制偵查是無法被認可的。於本件中，該偵訊應解釋為對具有被告身分之人所進行的任意偵查的偵訊，但該偵訊沒有取得被告的同意，從那般偵訊所得到的自白筆錄，不應該被認可，所以那十六份筆錄都被排除了。結果上來說，只保留了起訴前九月九日所記錄的檢察官偵訊筆錄一份，這份檢察官偵訊筆錄，被認為已經排除了警察於此之前所進行的欠缺任意性偵訊的影響，因此被認定為具有任意性而採用為證據。

經過前述過程，一九六八年，第一審法院對袴田先生做出死刑判決，該判決一直到最高法院都持續維持，於一九八〇年死刑判決確定。

袴田先生被起訴後，出庭受審時始終否認犯行，然而他的主張都不被認可。特別有問題的是，第一審審判階段中，在味噌工廠的味噌槽裡突然發現染了血的五件衣物，檢方認定這五件血衣是做案穿著的衣物，修正了起始陳述中描述的犯罪經過，說凶手行凶時穿著睡衣的部分，而法院也同意這樣的修正。但是，如果這五件血衣是凶手行凶時穿著的衣物，那麼，袴田先生在偵查階段因為無法說明自己的睡衣為何沾血而落入自白的事實，又該怎麼解釋呢？倘若袴田先生就是犯人，這件事就變成是真凶被一個與本案完全無關的證據追究而落入自白。但法院並沒有正面討論這個問題。

關於這起案件，我曾經在第一次聲請再審時，將四十五份自白筆錄全部進行分析，於一九九二年向靜岡地方法院提出鑑定書（該鑑定書以《自白證明無辜》〔自白が無実を証明する〕為名，由北大路書房於二〇〇六年以專書出版）。二十多年過後，發現四十六小時偵訊錄音帶的存在，並開示給辯方。我得到開示的錄音，重新分析自白過程，於二〇一七年做成鑑定書提交給東京高等法院。

被開示的偵訊錄音帶

偵訊場合收錄的錄音，是了解無辜者為什麼會落入虛偽自白非常有用的工具。狹山事件中，否認階段的錄音只有一點點，相對的，清水事件的偵訊錄音有四十六小時，其中否認階段的部分有三十二小時，時間比狹山事件長很多。

從偵訊錄音可以清楚知道，這起案件的偵訊人員也完全不考慮袴田先生無辜的可能性，且整個偵訊室是在一個「導往有罪方向的強力磁場」之中。若是在第一審法庭中播放這卷錄音帶，肯定會影響判決。或者至少在第一次聲請再審的階段，在我收到袴田先生供述鑑定的委託時，錄音帶就被開示的話，就更能具體釐清那份自白所隱含的危險性。

進行這起案件的供述鑑定時，一開始我得到的供述資料只有那四十五份自白筆錄，而在自白之前十九天的否認過程，由於連一份否認筆錄都沒有被提出，所以也無法得知道否認過程有怎麼樣的偵訊經過。儘管只有非常受限的供述資料，在分析共四十五份的自白筆錄之後，不容忽視的問題還是浮現了。

實際上，九月六日的那個時間點，刺殺一家四口、潑灑石油點火的內容，雖說是所謂的落入全數自白，但所陳述展開的犯罪經過，在六日、七日、八日的自白中每天都有很大的變化。以單純的想法去分析的話，很難認為這是真凶的自白過程。但是，如方才指出的，第一審判決在四十五份自白筆錄中僅採用了九月九日那一份檢察官偵訊筆錄做為證據。因此，落入自白後每天陳述不一樣犯罪內容的問題，從表面上是看不出來的，而每份筆錄之間的多處矛盾也不在審判的檢討對象之列。

這般法律程序上，除了一份以外，其他四十四份自白筆錄都遭到排除而不用審查的判斷，致使自白真正的問題被埋沒。這件事情本身，從心理學供述分析的角度來看，著實難以置信。在那個狀況下，我把收到的四十五份自白筆錄全部當作分析資料。沿著時間順序分析，我得出的結論是，這徹頭徹尾是無辜之人的自白經過。也就是說，自白本身證明了無辜的事實。我提出乍看之下自我矛盾的鑑定意見給法院，而以法院的立場，這樣的想法似乎無法被接受，於是連一眼都不看，就結束了這一回合。

法院僅採用一份檢察官偵訊筆錄的理由

第一審法院在檢察官提出的四十五份自白筆錄中，認定二十八份警訊筆錄不能視為出於任意性的產物，而將之排除。但為什麼就認定在那前後即九月九日作成的檢察官偵訊筆錄，是具任意性的呢？

我將袴田先生接受偵訊的順序，也就是從八月十八日開始，九月六日落入自白，九月九日檢察官偵訊筆錄作成，之後馬上被起訴，至此的偵訊狀況整理成「表二」。

此處表二所標示的「偵訊時間」，是以「留置人員出入紀錄」的時間計算出袴田先生從留置室被帶出來後，進入偵訊室的時間。從這裡可以看出從第一天開始，幾乎每天的偵訊時間都超過十二小時，最長更超過十六小時。最長的那一天，偵訊一直持續到深夜。這張表最右邊那一列所記載的是Y檢察官的偵訊時間（關於沒有錄音的偵訊日，根據Y檢察官於審判中的證言，假設進行了「兩小時」的偵訊，那麼就會記載「兩小時沒有錄音」）[6]。

根據這張表，我們可以知道負責清水事件的Y檢察官於袴田先生否認階段，與警方的偵訊並行進行了六次偵訊，而袴田先生在九月六日落入自白之後，於九月八日、九日分別接受了三小時及五小時的偵訊，最終在九月九日做成了檢察官偵訊筆錄。問題在於，偵訊的實際內容是否確實能區別Y檢察官的偵訊與警察的偵訊，繼而認定該檢察官的筆錄具有任意性呢？然而，最終成為確定判決的事實審第一審審判當時，偵訊錄音帶並沒有開示，只是根據Y檢察官在法庭敘述自己偵訊狀況的證言，就判斷其具任意性了。

6 譯注：日本偵訊筆錄之製作與台灣有所不同，原則上不會每次偵訊都會有筆錄，而可能會是經過幾次偵訊後，由偵訊人員或檢察官統整其偵訊內容，作成第一人稱獨白的筆錄。

表二　清水事件　筆錄製作經過

日期	偵訊時間（根據看守所出入紀錄所載）	錄音帶所收錄的時間	
		警察偵訊	Y檢察官偵訊
8.18	13小時27分	10小時03分	
19	10小時50分	2小時33分	
20	9小時23分	沒有錄音	2小時10分
21	6小時20分	3小時15分	1小時5分
22	10小時51分	1小時20分	
23	12小時50分	沒有錄音	
24	12小時07分	沒有錄音	
25	12小時25分	28分	
26	12小時26分	38分	
27	13小時22分	40分	（2小時沒有錄音）
28	12小時32分	3小時09分	
29	6小時25分	沒有錄音	1小時49分
30	12小時48分	1小時10分	
31	9小時32分	沒有錄音	1小時33分
9.1	13小時18分	沒有錄音	
2	11小時15分	沒有錄音	（2小時沒有錄音）
3	11小時50分	無	
4	16小時20分	1小時06分	
5	12小時50分	1小時05分	
6	14小時40分	10小時42分 警訊筆錄六份 （犯罪過程1）	
7	11小時30分	沒有錄音 警訊筆錄一份 （犯罪過程2）	
8	11小時50分	1小時05分 警訊筆錄一份 （犯罪過程3）	（3小時沒有錄音） 沒有作成筆錄
9	14小時00分	沒有錄音 警訊筆錄兩份	（5小時沒有錄音） 檢察官偵訊筆錄一份 筆錄製作完成後起訴
10 ⋮	11小時18分	沒有錄音	（？小時沒有錄音） 檢察官偵訊筆錄兩份

根據Y檢察官的證言，他在偵訊時「沒有司法警察在場」，袴田先生落入自白後，Y檢察官也在偵訊時向袴田先生說明「檢察官跟警察不一樣，所以你不需要一直在意受警察偵訊時講的話」，甚至也說了「我這邊沒有參考司法警察作成的自白筆錄」。第一審判決裡，採用Y檢察官的法庭證言，認定即便警察的偵訊欠缺任意性，九月八日、九日的檢察官偵訊已經切斷了到那個時間點為止警察欠缺任意性偵訊的影響，因此肯認檢察官偵訊的任意性，採用九月九日那一份檢察官偵訊筆錄做為證據。

判決裡異於常例的附註

第一審判決，在四十五份的自白筆錄中僅僅採用了一份，卻做出死刑判決，是一個特別異常的結果。問題還不僅止於此。

原本，第一審判決是以審判程序中發現的五件血衣，斷定為凶手行凶時所穿著的衣物，而做出死刑判決。但是，據說袴田先生在偵查階段接受偵訊，被迫說明自己的睡衣為什麼沾血時，最後也沒能完整說明，就落入自白了。之後，袴田先生供述犯罪經過，也以那件睡衣做為行凶時的穿著為前提陳述。這樣的事實又該作何思考呢？第一審判決對於這個問題，以「附註」的方式做了以下奇妙的解釋。

如前所述，本件於偵查中，偵查人員在逮捕被告後，為了得到被告的供述，長時間進行偵訊，汲汲於口供而懈怠了相關物證的調查。結果，「行凶時所穿衣物」這項關乎犯行的重要部分，竟是被告的虛偽自白，甚至基於此提起公訴。之後在審判過程中，即案發後一年多，方從偵查當時核發的搜索令狀所載之「搜索場所」發現「行凶時所穿衣物」，而這個發現與偵查人員的偵查活動完全無關。

因為偵查人員「為了得到被告的供述，長時間進行偵訊，汲汲於口供而懈怠了相關物證的調查」，其結果就是引出「被告的虛偽自白」。此處的「虛偽自白」，並不是無辜者的虛偽自白，而是「真凶的虛偽自白」。這樣的邏輯說得通嗎？

的確，於審判過程中發現的五件血衣，倘若確實能證明是凶手「行凶時所穿衣物」且為袴田先生所有，那麼就如判決所述，袴田先生是真凶，而且這個真凶還說謊，供稱行凶時所穿的衣服是那套「睡衣」。只能這樣解釋了。但是，這五件血衣真的是本案凶手行凶時所穿的衣服嗎？這五件血衣真的是袴田先生的嗎？對於這兩點，都留下了重大疑問。

說到底，這五件衣物上的血跡附著情況有點奇怪，如果說真凶穿著犯案，那麼下半身的順序應該是內褲、短襯褲，然後才是褲子。最上層的褲子如果沾了血液，同樣的血跡位置應該會依序滲透到下面的短襯褲，再漸漸滲透到內褲。但是，這五件衣物並沒有這樣的血液附著痕跡，上下對應的位置也附著不同血型的血痕。這樣的疑點在聲請再審初期即被提出。再者，在第一審審理過程中，關於褲子尺寸太小，袴田先生穿不下這件事情，已經產生了褲子可能不是袴田先生所有的疑點。對此，檢方雖然反駁並主張褲子是因為泡在味噌裡太久而縮水，但也沒有舉證說明。

帶著如此重大的疑點，在第一次聲請再審的三十三年後，也就是二〇一四年，終於對五件血衣上的血跡進行DNA鑑定，鑑定結果顯示，血液可能不是被害者的，也不是袴田先生的。這個疑點於是變得愈來愈明顯，靜岡地院認為證據有偽造的可能性，因此做出開始再審的裁定。這樣一來，第一審判決的附註根本是逸脫重點，那份虛偽自白，並不是真凶僅就行凶時所穿衣物這個部分說謊的「真凶的虛偽自白」，而是自白整體都是假的，應該只能導出「無辜者的虛偽自白」這個結論。

四十年後法官的告白

如方才所說，第一審判決「附註」中敘述，「在逮捕被告後，為了得到被告的供述，長時間進行偵訊，汲汲於口供而懈怠了相關物證的調查」，這樣的認定若是正確的，那麼以此為前提繼續延伸，推論出「無辜的被告被迫自白的可能性很高」的結論才合邏輯。然而，判決卻用剛剛那樣的說理方式，僅採用一份起訴前的檢察官偵訊筆錄做為證據，論述關於行凶時所穿衣物的部分是「真凶的虛偽自白」。倘若真如判決所述，已經承認殺害一家四口這樣重大案件的真凶，為什麼非要就行凶時所穿衣物說謊不可？再者，如果是真凶，為什麼會因為睡衣上的血跡這種完全牛頭不對馬嘴的證據落入自白呢？若不好好解開這個問題，這個判決就是前後矛盾的。

其實，關於第一審判決，負責撰寫判決書的熊本典道法官在事件發生四十多年後，告白了自己的心境。他說自己當時對這起案件抱持著無罪的心證，但是因為沒能說服合議庭其他兩位前輩法官，才不得已寫下死刑判決。實際上，如果不這樣去看的話，就無法理解判決裡面前後矛盾的地方。曾任法官的秋山賢三先生，在熊本先生告白心境之前，就曾徹底研究了第一審判決，並指摘該判決內容邏輯明顯不一致，可以從判決看出合議庭三位法官的評議肯定有破綻。

法官對自己經手過的案件，是不能對外洩漏評議內容的。但是，熊本先生這番不尋常的告白，不得不說是一份真實的告白。熊本先生非出於本意所撰寫的判決，之後經過高院、最高院而確定，不僅把袴田先生逼到死亡深淵的邊緣，同時也成了折磨自己一輩子的事。熊本先生在該案做出判決的半年後，辭去法官一職轉任律師，但他一直對這個判決感到懊悔，導致袴田先生的人生整個被打亂。

袴田先生當初的抵抗

那麼，袴田先生的自白過程到底是怎麼樣的內容呢？在第一審判決中，關於至自白為止的警察偵訊，認定是「持續每天平均十二小時」，且「偵訊——若一併考量其與外部切斷聯絡之密室裡偵訊本身氛圍的特殊性——對於被告的自由意志，有強制、壓迫性影響的性質。」這個部分的認定，可能就是帶著無罪心證的熊本法官的判斷。實際上，偵訊的狀況收錄於錄音帶，該錄音帶在當時由警察局所保管。

在這裡，不得不注意的是否認階段的偵訊。已被開示的三十二小時否認階段的錄音帶中，警察的偵訊佔了二十五小時之多，檢察官的偵訊則佔將近七小時。把錄音從頭到尾大致聽一次後，首先必須指出的是，與方才石川先生的狀況相同，該案的偵訊人員沒有人考慮過袴田先生為無辜的可能性，並在徹底認為袴田先生是真凶的前提下去追究袴田先生。

八月十八日被要求任意同行，偵訊從早上六點四十分開始，到傍晚五點三十二分被逮捕後，持續以逮捕後偵訊的形式持續到深夜。這個部分，偵訊人員從一開始即追問袴田先生，扣押的睡衣上為何沾有不是自己的血？但是，根據驗證後所得到的明確結果來看，這個血型鑑定本身就只是一個曖昧不明的鑑定方法。不，應該說，縱使它很明確，ABO型血型鑑定能夠鑑別的範圍本來就有限，根本不能單憑血型斷定袴田先生是犯人。即便如此，偵訊人員像是斷定這絕對不會有錯一樣，認定袴田先生是犯人，並以堅決的態度不斷地追究袴田先生。

具體上是怎麼一回事？我引用警察偵訊的一個場景來說明。這個場景是八月十八日任意同行下，偵訊開始後經過十個小時左右，雙方的問答。偵訊人員從袴田先生的睡衣上「沾有與其血型不一樣的血跡」這件事情，斷定他是真凶。「你要找回你的人性，低頭道歉才對」，一邊數落，一邊如下所述逼迫袴田先生。

M刑警：嗯？就是這樣吧，那個事情你很清楚吧。對吧！就因為幹了這件事，所以才會沾了不一樣的血液啊。對這個事情，你小子說不是這樣。嗄？剛剛就一直主張，說上面本來沒有沾。但是，你知道嗎，嗯？我是看了從那邊要來的鑑定書的，那邊可是權威！審判的時候，到法院去，這可是會被當作證據拿出來的，知道嗎？簡單來說，那些技術官員、技師，都是大學出來的，這些人呢，花了幾天幾夜的時間，才做出這個鑑定結果的。說那個鑑定結果有錯，根本是不可能的事。而且，那個血液啊，除了你的之外，還有兩種別的血液。知道嗎？是兩個都不一樣的。這個呢，你小子，被這樣講的話，你小子就該放棄掙扎，就該低下頭！這件事情從頭到尾的經過到底是怎樣，你是一定要交代清楚喔。這個，你聽好了，如果想要看鑑定書的話，好啊，老子現在就可以，給你看看也可以的。知道嗎？

袴田：[redacted]讓我看看。

M刑警：什麼？

袴田：讓我看看。

M刑警：那個，現在（不明），等下給你看啦。

袴田：不，現在，讓我看看。

根據偵訊人員的說法，睡衣上沾的血液，是「大學出來」的「技術官員」，「花了幾天幾夜的時間」，「做出的鑑定結果」。而只要有那份「鑑定書」，袴田先生就是真凶準沒錯。實際上，前面所引用的部分之後，警察還說了，「除了你小子的血液之外，還沾了別人的血液的話，這樣就可以判定你小子就是真凶！」這麼一來，「已經是鐵證如山」，這個「事實已經是不可否認的了」，對於這樣的說法，袴田先生反抗地說，如果有那樣的鑑定書，「讓我看看」，並否認犯行，說「不知道的事情，不論去到哪裡我都不知道。」

之後也每天持續這樣長時間的偵訊。然後，在偵訊開始第十天的時候，袴田先生終於看到當初其不斷要求「讓我看看」的那份血型鑑定，但袴田先生仍舊不甘心而持續否認。當時持續否認的場景，也被收錄在錄音帶裡了。只是，那時袴田先生已經對這些再怎麼否認，再怎麼抵抗，再怎麼主張都聽不進去的偵查人員的追究徹底感到灰心，漸漸說不出話了。

以「確信」來說，過於脆弱的證據

偵查人員說，因為袴田先生的睡衣上，鑑定出跟他血型不同的血液，所以袴田先生肯定是真凶。但是，單憑血型就判定犯人，這個說法實在是太粗暴。再加上，根據後來漸漸明朗的事證，那件睡衣上附著的血液量非常稀少，送到科學警察研究所的結果，認為無法判定血型。因此那個鑑定本身根本不精確。

用那樣不精確的證據去認定誰是真凶，然後追究，這件事情本身就毫無道理。然而，觀察偵訊人員之間的氛圍，似乎完全看不出他們把這件事情當做問題。之後靜岡縣警察根據這起案件的偵查過程所製作的內部資料「偵查紀錄」，得知最初羈押期限到期的前一天，也就是八月二十九日，偵查人員從原本的四名增加到六名，並如下記載。這一天，已經是偵訊開始後的第十二天。

八月二十九日，在靜岡市內本縣警察宿舍芙蓉莊內，以本部長、刑事部長、搜查一課、鑑識課兩位課長為首，清水署長、刑事課長及偵訊人員共同召開檢討會，讓偵訊人員報告偵訊過程，並檢討今後的對策。他們下的結論是，對袴田的偵訊光是用人情說理，讓他自發性地供述是很困難的，因此，偵訊人員要集中抱持強力的信念，積極地給袴田「犯人除了袴田沒有別人」、「犯人絕對就是袴田沒錯」這樣的印象。這是由偵訊的經過，以及其他事情來觀察，考量到已經讓袴田在案發後遊蕩了五十多天，且從警察手裡的證據、記者會可以發現，袴田給自己一種自我暗示，自己並不是犯人。為了去除這樣的自我暗示，如前所述，有必要給他自己就是犯人的印象。

袴田先生「給自己一種自我暗示，自己並不是犯人」，在此之上，「偵訊人員要集中抱持強力的信念，積極地給袴田『犯人除了袴田沒有別人』、『犯人絕對就是袴田沒錯』這樣的印象」。但是，偵訊人員這份「強力的信念」的根據實在是一些太薄弱的東西。如此說來，「給自己一種自我暗示」的，倒不如說是偵訊人員。

落入自白前一天的偵訊

八月十八日任意同行之下的偵訊開始後，同一天傍晚被逮捕，之後持續進行每天長時間偵訊的過程之中，如方才所述，袴田先生從一開始明確否認，到後來一天天失去氣力，說的話也少了。在錄音帶裡面，漸漸變得只剩下偵訊人員滔滔不絕地說教。在自己怎麼說也聽不進去的偵訊人員面前，袴田先生幾乎沒有辦法開口。

最後的最後，在落入自白的前一天，九月五日，兩名偵訊人員用極度高壓的態度逼迫袴田先生自白，袴田先生緊閉嘴巴什麼都不說。以下引用那個場景的一部分。

J刑警：袴田，你說說看。

K刑警：（不明）

J刑警：你說說看啊。說說看。

K刑警：誒。[redacted]。

J刑警：都說出來。說出來。講話啊？

K刑警：誒。為什麼？為什麼會[redacted]那樣的事情？說個對不起、抱歉。知道嗎，說對H先生，那樣就可以了，就那樣，知道嗎。（不明）。

J刑警：（不明）。誒。

K刑警：誒。（不明），眼淚呢，誒，（不明）誒。嗯？流眼淚，做出[redacted]的樣子！（不明）。

J刑警：袴田。

K刑警：誒。

J刑警：袴田，喂。

K刑警：嗯？

J刑警：怎麼樣啊？

K刑警：嗯？

J刑警：到底在猶豫什麼？[redacted]。

K刑警：根本就沒什麼好猶豫的不是嗎？喂！哎，不行了，這樣子。

J刑警：袴田。

K刑警：嗯？袴田，誒，（不明）你說說看。所以說呢，聽好，這個已經是，已經到這個時期了。知道嗎？你就是[redacted]的犯人。知道嗎？殺了四個人的，犯人。就是你。

三個警察一起圍繞在袴田先生旁邊，要求他認罪道歉，但是那段錄音帶裡面，一點都沒有袴田先生的聲音。

J刑警：跟被害人道歉吧。試著道歉啊。

K刑警：這樣做呢，然後，自己的[redacted]，把那樣[redacted]的事情，應該就要在這裡吐露出來，情緒要釋放一下吧。這已經是你做的事情，沒有辦法了！就是你殺的。這個就是事實了。你小子就是那個凶手。知道嗎？這個是絕對沒錯的了！那個是你，現在，沒聽到被害人在哭叫嗎？「袴田，你，[redacted]把我弄得這麼痛苦，而且還奪去我的性命，你，還在這若無其事，這樣對嗎？」「我們可能有什麼因緣，但是，完全不到[redacted]不是嗎？」嗯？還說，「是需要錢的話，錢（不明）」他們不是這樣說嗎？你小子，嗯？（不明）袴田，今天晚上，你啊，袴田你小子，是最坦誠的袴田，知道嗎，要再坦白一點，知道嗎？坦白，然後拿出勇氣，嗯？拿出勇氣，好好道歉！不要因為那種事情繼續固執了。袴田。

J刑警：袴田。

K刑警：誒，袴田。

J刑警：要向被害人啊，道歉呢，才是可以救你的一條路！把自己[redacted]，袴田。

偵查人員一點也沒有考慮袴田先生無辜的可能性。那樣的偵訊不斷地持續著。就算是旁觀者只是聽聽而已，這樣一直聽著也是很痛苦的。而且，把錄音帶的這個部分文字化，引用出來，時間上也不過幾分鐘而已。要是全部引用編成書的話，僅僅以現存的錄音，大概就能編成五、六本書吧。這樣一天平均十二小時，每天連續偵訊的狀況，要正面迎擊抵抗實在是很困難。藉由錄音，實際跟著偵訊的樣子去走一遭，就可以知道無辜的人忍受不了偵訊而落入自白，是非常自然的事情。

Y檢察官的偵訊

在此之上的問題是，關於第一審判決中唯一被採用的證據——九月九日檢察官偵訊筆錄，我們應該怎麼看待呢？第一審判決中，關於欠缺任意性的警察偵訊影響力，肯認檢方所主張，其於被告落入自白後，「已經提醒被告，警察與檢察署是不同的機關，不需要在意警方的調查，才進行偵訊。」因此肯認該筆錄之任意性。但是說到底，那樣程度的提醒，能夠阻斷警察偵訊的影響力嗎？

警方如剛才所述，被「沒有證據的確信」所束縛，只朝著有罪方向追究。相對於此，Y檢察官的偵訊具體來說又是如何呢？如果其偵訊沒有如警察那樣明顯的「沒有證據的確信」，確實將無罪的可能性放在心中，那麼，的確有可能阻斷警察偵訊階段的影響力。但是很遺憾的，袴田先生落入自白後的檢察官偵訊錄音帶並沒有被開示，九月九日當時做出檢察官偵訊筆錄的情況也不得而知。不過，Y檢察官在袴田先生否認階段進行過長達六次的偵訊，其中，前四次的偵訊內容收錄在錄音帶裡。我們可以從那一段錄音紀錄中，看出Y檢察官偵訊的態度。

Y檢察官是在警察逮捕袴田先生的兩天後，也就是八月二十日，進行了第一次偵訊。因為那個時候是第一次見到袴田先生，檢察官訊問中並沒有直接逼問案件內容，錄音內容聽起來並沒有什麼大問題。但是第二天，八月二十一日，面對繼續否認、說著自己「什麼都不知道」的袴田，檢察官開始追究袴田，對話狀況如下。

Y檢察官：警方做了很多調查，調查的結果就是真凶除了你以外沒有別人了，所以才會逮捕你。這可是慎重地調查了五十天的結果。

袴田：就算那樣，我還是什麼都不知道啊。

Y檢察官：隨便就把人逮捕什麼的，是沒有辦法的。如果沒有充分證據的話。

袴田：（沉默）

Y檢察官：沒有想起什麼事情嗎？

袴田：（不明）。

Y檢察官：就算你藏了什麼，該知道的就是會知道。就像我剛剛說的那樣。所以，這種時候，你就不要再隱瞞了，坦誠一點，有什麼都說出來，這才是最正確的。不要有那種想藏起來啊、想逃跑的心情。你啊，摸著良心，好好地想一想，怎麼樣。什麼錯都沒有的四個人，被殘忍地殺害了。知道嗎？這個事實，你是怎麼想的？被害人真的非常可憐。是不是？被殺害，身體還被燒毀，家也被燒毀，是不是？除了你之外，是誰做了這種事呢？

袴田：那個，我也不知道啊。（不明）。

Y檢察官：你的睡衣，不應該沾上別人的血吧？明明不該有血的睡衣卻沾有大量的血。要不是你殺的，那會是什麼時候沾上的？嗯？

面對說著「我也不知道啊」的袴田先生，Y檢察官說，「除了你之外沒有別的可能性了，不是嗎？」毫不懷疑認定袴田先生就是本案真凶，並以此為前提進行偵訊。那麼，這樣的偵訊與警察的偵訊根本沒有不同。而且實際上，睡衣上沾的血，明明是連血型都沒辦法判定的極少量的程度，檢察官卻說出「你的睡衣……沾有大量的血液」之類扭曲證據狀況的話，至少可以說，這明顯是過度誇張的發言。

Y檢察官的「沒有證據的確信」

接著，羈押程序後，羈押期限迫在眉睫的八月二十九日，也就是袴田先生被逮捕後的第十二天，加入第四次偵訊的Y檢察官，如下所述要求袴田先生自白。

Y檢察官：除了你以外沒有其他凶手，這件事情已經是確定的了。知道嗎[redacted]？嗯？這可是調查很多證據的結果。所以說，你要是有那種什麼都不說就可以逃過去的想法，我先告訴你，那是完全錯誤的想法。我話先說在前面，知道嗎？不管你是要說不說，反正該有的證據都有了。所以說，你要是抱著「我什麼都不說他們就不會知道」的想法，告訴你，那是沒有用的！我話先說在前頭。

袴田：（沉默）

Y檢察官：這怎麼想都想不通不是嗎？[redacted]？嗯？沾到血的程度了，應該是記得的吧？你說說。碰到流血的人什麼的，應該記得吧。因為再怎麼說都不是平常會發生的事吧。其他還有油之類的、小刀之類的很多很多，跟你說，證據是有的。站在我們立場，是想要從你嘴裡說出來，想要聽你自己老實地說出來，並不是拿不出那些證據，只是要你說說而已。對吧，你呢，如果不把那些證據一個一個擺在眼前就講不出來，也是很奇怪吧。你自己才是最清楚事情的人，不是嗎？你才是最清楚知道的。嗯？不管什麼時候，一直都要警方的人花時間

[redacted]，不也是沒辦法的事嗎？嗯？你現在是有在由衷反省的，對吧？打從心底，真的有反省的話，那麼，你應該把自己做的事情，全部、誠實地說出來，這才是做為一個人應該做的事情吧。你說是不是？羈押之後已經過了好幾天了，不是嗎？看來你還是沒有要誠實說出來啊。這樣我們不是很困擾嗎？

袴田：（沉默）

Y檢察官：嗯？為什麼你呢，沒辦法老實說呢？你做為一個人，也是有良心的吧？有良心，真的有良心的話，那樣一直讓人家麻煩，也不是辦法吧？照著實際發生的事實，老實說出來，這樣才是對的吧。怎麼樣？你也差不多該把真正發生的事情告訴我們了吧。不說出來，我們不是會很困擾嗎？

袴田：（沉默）

Y檢察官：你是覺得你不說我們就不知道嗎？

袴田：我就不知道啊。

Y檢察官：嗯？

袴田：我就不知道啊。

Y檢察官：「我就不知道啊」？好，不知道的話，你說說那個，你能說明嗎？嗯？

你的嫌疑，不能解釋的話，到底是怎樣？

袴田：（沉默）

對著持續否認，只能說著「不知道」的袴田先生，Y檢察官一再要求他說明睡衣上的血跡。但是，這根本等同於要求嫌犯本人提出無罪證明。

同時，用「你做為一個人，也是有良心的吧？」這樣的話做開導，促使他反省，一再重複這般形式的偵訊。或者是在上述對話後馬上又說，「被刺殺、被燒毀、被殺害。你想想被害人，你應該要有那種贖罪的心情吧！」要求袴田先生認罪道歉。僅憑睡衣上沾有與袴田先生不同血型的血，應該不能擅自斷定袴田先生就是凶手，然而Y檢察官對袴田先生的逼迫態度卻絲毫沒有猶豫。

如上所見，可知Y檢察官的偵訊跟警察的偵訊，其實是完全同質的，就是在「沒有證據的確信」的概念下，以有罪為前提重複地追究。

Y檢察官的偵訊無法阻斷警察偵訊的影響力

經過如同前述的否認階段，袴田先生在九月六日警察偵訊過程中落入自白，接著在七日、八日描述了具體的犯罪內容。Y檢察官在第一審判決中認定的部分，所謂已提醒被告「檢察官跟警察是不一樣的，所以不必在這邊執著警察偵訊時所說的話，沒有關係」的時間點，是在這份自白內容開始第三天之後的九月八日、九日。這樣的提醒能夠阻斷警察偵訊的影響力是非常有疑問的。

Y檢察官從袴田先生於否認階段就對他說，「每天都很鬱悶吧。怎麼樣，反省、悔改，把該說的都說一說，心情就會舒暢了。（不明）……沒辦法。事情已經發生了。已經是很清楚明白的事情了嘛。就快點把全部的事實都說出來，變得輕鬆一點不是比較好嗎？」迫使他自白（八月三十一日的偵訊）。這樣的袴田先生，終於在警察的偵訊過程中落入自白。當然，Y檢察官聽到袴田先生落入自白的消息，應該是想著「終於自白了！」而放下心來。那次落入自白後，可以想像檢察官仍維持袴田先生否認階段的偵訊態度對他進行偵訊。

只是，照理說已落入自白的袴田先生，在那之後的前三天內，每天都陳述完全不一樣的犯罪經過。原本，做為犯罪起始的動機部分，六日的時候是說，「跟專務董事的老婆有一腿，他老婆託我去做的，假裝是被強盜縱火。」從這個地方開始著手犯罪（犯罪經過一）；七日變成，「跟（專務董事的）老婆的關係看似快要曝光，想好好地談談」（犯罪經過二）；接著八日的時候，跟專務董事老婆之間的關係的說法消失了，變成「想跟自己媽媽還有小孩一起住，需要租房子的錢，所以想進去偷錢」這樣的說法（犯罪經過三）。在八日這一天，Y檢察官在袴田先生落入自白後第一次對袴田先生進行偵訊，第二天也進行了偵訊，其結果記錄在九月九日的檢察官筆錄中。

九月八日、九日這兩天，Y檢察官的偵訊過程到底如何，雖然沒有錄音可以確認，但是從九月九日檢察官筆錄中的自白內容來看，只是把先前剛被警察偵訊時所敘述的「犯罪經過三」再次陳述一遍而已。

這麼一來，落入自白後，Y檢察官開始偵訊時，提醒袴田先生「不必在這邊執著警察偵訊時所說的話，沒有關係」這樣的發言，即便是要袴田先生不用在意其於警察偵訊時連日變動的犯罪經過陳述，也不可能是為了斷絕至此的警察偵訊的影響力，讓袴田先生可以撤回自白、否認無妨。如此看來，合計四十五份的自白筆錄之中，僅採用九月九日的檢察官筆錄做為證據的第一審判決，是極度便宜行事的做法，邏輯並不合理。

袴田先生做為殺害一家四口的重大案件嫌犯被捕，坐在偵訊人員面前。這裡所謂的「嫌犯」，是指「有嫌疑、被懷疑的人」。也就是說，只是受到懷疑，搞不好並不是真凶。而查明案件真相就是偵訊的任務，應該同時顧及有罪的可能性及無辜的可能性才是。但是，偵訊人員完全沒有考慮無辜的可能性，一味地以有罪為前提進行偵訊。在這一點上，警察的偵訊與Y檢察官的偵訊根本就是換湯不換藥。

偵訊所應有的態度

只要長時間被迫處於這種以有罪為前提的偵訊環境下，不管意志有多麼堅定，最後也會落入虛偽自白。如此一來，即使沒有在偵訊室使用暴力、也沒有使用欺瞞的方式進行偵訊，也必須說那份自白「欠缺任意性」。

在重大案件中，有被懷疑是真凶的人物出現，對其積極追問、要求自白是很自然的，不是嗎？對於犯下如此殘忍案件的人，只用一般手段是不可能讓他承認事實的。不意志堅定地調查的話，本來問得出來的東西也問不出來。所以，徹底追究案情，讓嫌犯承認真實發生的事，這不是理所當然的嗎？不只是偵訊人員，對案件注意關心的人，可能都是這麼想的吧。但是，如果抱持著這樣的想法，那麼即使聽了上述所說的偵訊錄音，也會覺得偵訊本來就是這麼一回事，從而接受偵訊內容。的確，把嫌犯當作真凶，意志堅決地偵訊，真凶可能會吐露真實的自白。但是，在與其同樣形式的偵訊下，無辜的嫌犯也極有可能會落入虛偽自白。不擔心那樣的可能性所進行的偵訊，終究是危險的，也不能夠被容許。

從狹山事件或清水事件的偵訊錄音，我們可以看到偵查機關確定嫌犯為真凶的證據過於薄弱，且經常可見偵訊人員不斷地逼迫嫌犯自白，要求道歉的態度。如果是無辜的，那種程度應該可以忍受吧？做此想的人，我必須說非常欠缺想像力與天真。

近來，人們經常強調科學偵查。但是所謂的「科學」，並不是單指使用最新的科學儀器去做偵查。科學的基本，是建立一定的假說進而去驗證的態度。如此一來，當建立嫌犯就是真凶的「有罪假說」時，應該也要同時對照嫌犯是無辜的「無罪假說」，然後公平地驗證兩者的可能性。欠缺這樣的假說及驗證態度的偵查，不管用多麼先進的科學儀器，都不能說它是科學。

無辜的人做出虛偽自白最大的原因，是偵查人員以「沒有確信的證據」為基礎，片面斷定嫌犯就是真凶，不考慮其為無辜的可能性，意義上就是一再地執著於「非科學」的偵訊。

第三章　自白內容的展開

偵訊中的自白過程，不會僅因嫌犯落入自白，說出「是我做的」就至此結束。既然落入了自白，偵訊人員接著會詢問「那是怎麼做的呢？」嫌犯則不得不就此回應，並說出犯罪內容。不僅是真正的犯人，對於無辜之人也會進行這樣的程序。這就是「自白內容的展開過程」。接下來就要討論這個過程。

過往的虛偽自白論點認為，由於無辜的嫌犯無法講述犯罪內容，所以偵訊人員就自行編出犯罪計畫，以此「逼迫」嫌犯，並意圖「誘導」對方自白。但這種論點對自白過程存有很大的誤解。現實上，若偵訊人員自行想出犯罪計畫，並迫使嫌犯接受的話，代表偵訊人員一開始就知道嫌犯是被冤枉的，但仍強迫嫌犯認罪。如此殘酷的事，不論是多麼惡毒的偵訊人員應該都做不出來。

無辜的人落入自白時，會更加深偵訊人員對於嫌犯是犯人的「確信」。在產生出

「導往有罪方向的強力磁場」，並將嫌犯捲入的同時，偵訊人員自己也會被捲入到該磁場中，處於完全相信自己已經抓到真凶的想法下，進而要求嫌犯提供關於犯罪內容之自白。當嫌犯被要求說出犯罪內容的自白時，只要他是無辜的，實際上就算他想說，也說不出來。但至此，卻也已經無法說出「我不知道」了。因此，無辜的人會想像自己是真凶，並想像各種犯罪內容。換句話說，就是無辜者在「扮演真凶」。雖然這點令人難以理解，但這就是現實。

然而無辜者於被追究的案件中，若未經體驗，縱使想像自己是真凶，也無法在陳述犯罪內容的原本意義下進行。無辜者自白內容的展開過程中，首先需要注意的是「說不出細節來」。在此首先須就做為自白內容展開過程之第一個面貌的這點，加以審視。

無辜者縱使自白，當然，一直不將細節說出來是不可能結束的。在此之後，偵訊人員將案發結果留下的「事實」放在心中，深入追問細節，無辜的嫌犯則配合該追問方向去想像而進行陳述。也就是說，無辜者與偵訊人員等人是一同完成對於與被追問的「事實」大略相同之自白內容。但在此想像下所陳述之犯罪計畫仍有不自然之處。因為那只是根據案發後所殘留的「事實」加以回溯、拼湊而成的。這個「逆向建構」

的問題，後續會以自白過程展開的第二個面貌加以論述。

◆1、無辜的人「說不出來」

「死命地想」犯罪過程

在足利事件中，案件對菅家先生而言是在與自己極相關的生活圈中發生的。關於這起案件，雖然菅家先生完完全全只是第三者，但因被以「除了你以外沒有其他犯人」一語所逼迫而無法堅持下去，過了一天就做出自白。對於在任意同行下的調查落入自白，因而留置於看守所時的事情，菅家先生直到再審無罪，恢復自由之後，方回憶如下文（參前述手記，頁二二）：

要說記得什麼的話，就是在看守所即便是躺著，第一天也完全睡不著這件事。沒有去擔心被逮捕後自己的立場，真是不可思議。還要再被刑警訊問很可怕，所以死命想著隔天要怎樣說明。因為說了「是我做的」之後，就必須要講出符合常理的話。那時候的心境就是這樣。

因為是在故鄉所發生的重大案件，所以知道案情是小女孩自柏青哥店失蹤，最後在渡良瀨川的河灘邊發現屍體這樣的事實。我在想，為了符合自己一般的日常行動，所以添加是使用腳踏車犯罪這一點，並與其他透過報紙所得到的資訊加以結合，編織出故事。

菅家先生說，「因為說了『是我做的』之後，就必須要講出符合常理的話。那時候的心境就是這樣。」菅家先生所說的心境看起來似乎非常不可思議。但是在落入自白後，就算是無辜的人，從那時候起也只能這樣做了。這是非常自然的發展。在其他書籍中，菅家先生說：「這樣說雖然有點難以啟齒，但故事是我自己編的。要說編得很隨便嗎……畢竟全部都是第一次啊。」（見《冤罪足利事件》下野新聞社，二〇一〇，頁八九）。

「我來成為犯人吧」

無辜者從落入自白開始，除了在偵訊人員前「扮演犯人」外，就沒有其他方法了。我最先注意到這個詭異的現實，是在仁保事件的偵訊錄音帶中。這是在日本刑事審判中，第一次將偵訊錄音帶做為證據提出的案例，錄音帶中收錄了無辜者自白內容的展開過程中，十分耐人尋味的場面。

仁保事件是一九五四年發生於山口縣仁保之一家六口遭殺害的重大案件。案發後一年左右，岡部保先生受到懷疑而接受偵訊，雖然他老家在仁保，但因為案發時居住在大阪，所以完全不知道這起重大案件。即便如此，經過拷問與嚴厲的偵訊，結果還是落入了「是我做的」這樣的自白。自白後的偵訊內容都有被收錄於錄音帶中。岡部先生在偵訊時想了很多，但因為對於案件本身並不了解，所以沒辦法說出具體的狀況。自白後第四天，岡部先生因為非常痛苦，而再度否認，並向偵訊人員訴說這種痛苦的心情。內容如下：

岡部：在有被罵的覺悟前先說吧……我沒有去啊。因為很在意，所以也看過很多次。就是因為在意，所以拚命地想，並做出如同一線演員所做的事情……若要說事實的話，我不知道那個家（被害人住處現場），……自己也想過很多。好，那我就成為犯人吧，就成為犯人吧。我就是犯人。我變成犯人了，這是我做的——這樣想著，我竟然就變成了犯人……

無辜的人從落入自白時起，就只能想著成為犯人並「扮演犯人」，這種心情在此清楚地被說了出來。這裡所看到的「沒辦法說出」，並不是真凶的「無法辯解」，而是如字面上的意思：「說不出來」。這正是無辜者自白內容的展開過程中最大的問題。在此之後，岡部先生在偵訊人員的追問中，雖然漸漸地掌握犯罪狀況，最終作成包含具體內容的自白書，但這第一份自白書卻是從落入自白時起的十一天後才被製作出來。「我想要想像自己是犯人」做陳述，但「說不出來」。這正是無辜者自白內容的展開過程中最重大的特徵。（關於仁保事件岡部先生的自白，請參照拙著《自白的心理學》）。

想用「想像」來陳述但仍「說不出來」的案件

與仁保事件不同，成為足利事件核心的真實小妹妹案件，是在菅家先生的生活圈範圍內發生的案子，由於菅家先生有地緣關係，所以菅家先生透過報導就可以大略掌握案件概要。因此，落入自白後，即配合偵訊人員追問，不僅可以具體想像犯罪過程，也可以將此想像與從偵查方所取得的資訊加以組合，因此可以某程度的說出犯罪內容。實際上，菅家先生落入自白當日，即做出了相當詳細的自白書。

關於這一點，耐人尋味的地方則在於菅家先生在其他案件的偵訊過程。在其他兩案中，雖然說同樣是發生在足利市的案件，但案發年代更早，菅家先生沒有地緣關係，對於案件報導也沒有清晰記憶。這兩案裡，菅家先生也分別在足利事件起訴前後接受偵訊，並承認是自己所為。

關於其他兩案的自白，在再審審理中才發現尚存少少幾卷的偵訊錄音帶（如表三中一九九一年十二月二十日的警察偵訊），經要求開示，才得以獲知菅家先生一部分的自白過程。在此，先由錄音帶內容討論萬彌小妹妹案件中的自白場景。

萬彌小妹妹，是在真實小妹妹案件發生前十一年的一九七九年八月三日，在住家附近神社玩耍時被誘拐，並於六日後在渡良瀨川河床中發現其屍體。關於這起案件，若真凶進行自白，並自行將親身犯罪經歷說出的話，無論是多早以前發生的事情，都可以大略說出事件核心部分。但菅家先生卻完全講不出具體的事情。以下是菅家先生自白後與刑警的對話。

P刑警：對於萬彌小妹妹案，你老實說，是怎麼回事。
菅家：真的……（哭泣聲）非常抱歉。
P刑警：非常抱歉是什麼意思？

表三　足利事件　偵訊過程

	事件發生後偵查、審判經過
1979.8.3	萬彌小妹妹事件（11年前）
1984.11.17	有美小妹妹事件（6年前）
1990.5.12	真實小妹妹事件（本案）
1991.12.1	偵訊菅家先生，落入自白
12.2清晨～	逮捕 具體展開犯罪經過
12.13	被帶至犯案現場，指示出丟棄衣服的地點
12.20	他案自白（有錄音帶）
12.21	起訴本案
1992.2.13	第一次審理期日中承認起訴內容 自七月起進行四個月的精神鑑定
12.7	M檢察官偵訊→否認（有錄音帶）
12.8	M檢察官偵訊→自白（有錄音帶）
12.22	於法庭中展示寄給家人的信，否認
1993.1.28	再度於法庭中自白
3.25	審判程序終結
6.24	再開辯論，於法庭中再度否認
7.7	第一審判決：無期徒刑

菅家：是的。

P刑警：因為你是殺害萬彌小妹妹的犯人，所以想要道歉？

菅家：（哭泣）

Q刑警：菅家，別再哭了。

菅家：是的，我就是犯人。

P刑警：最初你是在哪邊把萬彌小妹妹帶出去？

菅家：最初是在，那個，是在神社嗎？

P刑警：是什麼季節的時候？大概就可以了。

菅家：（沉默五秒）

Q刑警：到底是什麼時候？春天？夏天？秋天？還是冬天？

菅家：（沉默七秒）

Q刑警：到底是很冷的時候還是很熱的時候，或是什麼都想不到，或是涼快的時候？

菅家：（吐氣聲。沉默五秒）冬天剛結束，那個春天……我想是春天左右。

Q刑警：冬天剛結束啊，是春天。那麼具體的時間呢？

在這個階段，菅家先生大概已經徹底放棄了吧。關於他案的萬彌小妹妹案件中隨即就承認，並附和著偵訊人員的追問。但從我們已經知道菅家先生是無辜的觀點來看，菅家先生在此處的回答僅是猜測程度的「想像」。無辜的嫌犯進行自白的話，除了只能如此進行想像而回答外，別無他法。

菅家先生在被問到萬彌小妹妹被誘拐的場所時，雖然回答「是神社嗎？」，但這類與案件相關的資訊，從最初階段就包含在偵訊人員追問的問題中，大概是那時候的記憶還殘留在菅家先生的腦海中吧。但菅家先生卻不知道案件發生在哪個季節。菅家先生對該問題無法回答，經偵訊人員的反覆詢問，菅家先生終於說出「好像是冬天剛結束，那個春天……我想是春天左右。」然而這個案件是在盛夏八月發生的，這和菅家先生的自白完全不同。若確實是實際經歷案件的犯人，很難答錯這個問題。聽到菅家先生回答的偵訊人員應該要有「咦？」的反應，但可能是認為畢竟是十一年前的案件，菅家先生或許忘記了，因此偵訊人員接下來就問「那麼具體的時間呢？」來轉移話題，而不再深入追問。

嫌犯的「說不出來」與偵訊人員的「誘導」實態

與萬彌小妹妹案件有關，無辜的菅家先生的自白過程中，更耐人尋味的部分是關於屍體遺棄狀況的自白。在渡良瀨川河床發現萬彌小妹妹的屍體，是裝入黑色塑膠袋中、以繩子綑綁，並整袋被塞在大背包中。這是個極為特殊的狀況，如果是真凶的話絕對不可能答不出來。但無辜的菅家先生卻無法順利回答。認為菅家先生是真凶的偵訊人員，將在現場確認的屍體狀況置於腦海中，並一再追問菅家先生，菅家先生則是依照偵訊人員的追問，承認了是把屍體綑綁成小包再放到大塑膠袋中。但是菅家先生並未說出有將該塑膠袋放到大背包中。以下是當時的對話內容：

Q刑警：那麼，那個大塑膠袋又被放進哪個地方呢？
菅家：自己的話，那個……放到另一個塑膠袋中。是普通的透明塑膠袋。
Q刑警：喔。所以是透明，看不到內容物的塑膠袋吧？
菅家：是的。
Q刑警：之後，放入萬彌小妹妹的塑膠袋又被放進哪個地方？包包或其他東西內？
菅家：……
Q刑警：用包袱包起來之類的。你還做了什麼事情嗎？
菅家：我……
Q刑警：嗯？

菅家：那個……那個塑膠袋，放入塑膠袋後，那個塑膠袋是透明的。
Q刑警：嗯，看不到內容物的塑膠袋吧？
菅家：是的。
Q刑警：那個放入的塑膠袋，不是這樣就丟棄，是怎樣……
P刑警：是放入手提包之類的……
Q刑警：將塑膠袋包起來呢。
菅家：是的。
Q刑警：話說回來，包起來後就放到這樣的袋子中，對吧？
菅家：是的。
Q刑警：放到塑膠袋中，那個，放著萬彌小妹妹的屍體。
菅家：是的。
Q刑警：我要聽的是你這個塑膠袋是不是放進哪個地方。沒有放進任何地方，是不是只放入那個塑膠袋內？
菅家：我好像放入塑膠袋中。
Q刑警：只有裝在塑膠袋中就放在腳踏車上，不會破掉嗎？

菅家：那個，是不是厚的塑膠袋……也就是有好好地綁起來。

（敲門聲）

Q刑警：嗯。嗯。原來如此。有好好地綁起來。那麼，稍等一下。

在此錄音帶就中斷了，再度錄音則是大約三十分鐘後。中斷後的錄音內容，就變成「將放入萬彌小妹妹的塑膠袋放入背包，再放在腳踏車上，並丟在河灘」。錄音中斷之前，大概給菅家先生看了照片等，給他某些暗示，並使其可以推導出「背包」這個答案。這時，偵訊人員就詢問菅家先生「你說的背包到底在哪裡啦」。從結果來看，雖然不得不說是偵訊人員的誘導，但問題在於誘導的方式。

有意的誘導

如同這裡引用的對話內容，偵訊人員一邊將裝著屍體的塑膠袋「放進背包內」這件事放在心上，但不從自己的口中說出這句話，而是期待由菅家先生的口中說出。實際上進行「又放進哪邊」這樣的詢問後，又提供「手提包內有什麼」、「用包袱包起來」、「放入箱子中」等具體的提示。但縱使是這樣，也無法從菅家先生口中得到具體的答案。最後，偵訊人員只有聽到塑膠袋「放在腳踏車的後座貨架上，而且沒有破。」這樣的回答。但菅家先生無法想像屍體的狀況，只有說塑膠袋是「厚的」，而且「有好好綑綁」之類的話。若由這樣的過程觀之，可以很明顯地看出菅家先生並沒有體驗這起案件。

另一方面，偵訊人員在此也沒有告知菅家先生屍體遺棄的實際狀況。而是認定菅家先生是犯人，認為他應該會知道才對，想要從本人口中得到這樣的內容。但不是犯人的菅家先生並沒有說出來，就算是獲得提示，也無法想像實際狀況。最後，偵訊人員雖然有用某些方式誘導其說出正確答案，不過至少在每個過程中，對於無辜的嫌犯並沒有採取直接告知答案這種「有意的誤導」。

關於被害人是真實小妹妹的足利事件的本案，那個時候已經取得菅家先生的自白並已經起訴。另一件萬彌小妹妹的案件中，菅家先生也是很快地做出自白，這時偵訊人員已經認為菅家先生就是犯人。在此，為了喚起真凶的記憶，雖然給予許多暗示，但並未直接告訴他答案。冤罪事件中偵訊室裡所發生的「誘導」，正是這種形式。

警察對於萬彌小妹妹的案件，在本案真實小妹妹案件起訴前，從菅家先生取得模糊的自白，並在四日後的一九九一年十二月二十四日，以該案件再次逮捕菅家先生。

但實際上，該案有目擊者看到失蹤前的萬彌小妹妹，若依目擊者所供稱的目擊時間，就會形成菅家先生有不在場證明的狀況。在此，警察要求目擊者修正其供述內容，目擊者也依警察要求變更供述。警察在萬彌小妹妹的案件，也是循著把菅家先生當作犯人加以立案的方向，而將案件內容「進行修正」（關於這一點，可以參考足利事件中擔任第二審辯護人的佐藤博史律師與菅家先生共同出版的《訊問の罠》，角川書店，二〇〇九）[7]。若再錯一步，菅家先生於萬彌小妹妹案件中也會被起訴，一共是兩件，也可能加上另一件有美小妹妹的案件，總共三件小女孩誘拐、猥褻、殺人事件，以這三起案件的犯人身分來看，被宣判死刑也不足為奇。

關於萬彌小妹妹的案件，如把上述與偵訊人員對話內容的最終結果整合成具體自白內容的話，關於屍體遺棄的狀況則會留下：「放到黑色塑膠袋，並將塑膠袋放置背包中，丟到河灘」這樣與客觀證據相符的自白筆錄。若因此起訴，偵訊人員出庭並陳述「這個自白是菅家先生自己說出來的，並無進行誘導」（實際上並未進行「直接的誘導」）的話，這很有可能會成為證明該自白信用性的證據。偵訊人員若將自白的對話

7 譯注：中文版書名為《冤罪：一個冤案被告對警察、檢察官和法官的控訴》，台灣角川，二〇一三。

變成一段話，並整理成筆錄的話，將無法發現嫌犯的「說不出來」。自白筆錄可怕的地方就在此。

◆2、說不出的犯罪內容

展開自白內容過程的錄音帶

於狹山事件中，若分析石川先生落入自白後展開自白內容的過程，石川先生「說不出來」的情形即一覽無疑。雖然在石川先生落入自白後，一九六三年六月二十日到二十五日這六天時間中，偵訊錄音帶開示的部分合計僅有十五小時，但從錄音帶所收錄的偵訊人員與石川先生的問答中，仍可以清楚發現石川先生未親身經歷該事件的跡象。

其中之一為，關於丟棄被害人Y女書包的場所，是由石川先生自白所得知。若依偵訊人員的主張，石川先生在做出三人犯罪的自白時，也同時自白了丟棄書包的場所，於是警方按照自白找到了書包。換言之，這相當於「祕密的暴露」，也就是石川先生是犯人的決定性證據，但實際上並非如此單純。

自白筆錄上所見「發現書包的歷程」

首先，從石川先生的自白筆錄觀察成為問題核心的書包發現經過。

六月二十日，在石川先生尚未自白時，他在地方上熟識的一名關姓巡查部長被選任為偵訊人員，在其說服下，石川先生即轉而自白。關於這個經過已經在第二章說明。若是將自白第一天（六月二十日）的警訊筆錄（關巡查部長的偵訊）進行摘要的話，其內容為：「協同兩名友人和Y女見面，將其帶到山中寺廟，兩名友人想要性侵Y女而將其殺害，並搜刮了Y女的財物，然後三人一起逃走。自己被友人教導要寫恐嚇信，並騎著腳踏車送恐嚇信到Y女家；途中，將Y女的書包棄置山中。」以上內容的三人犯罪自白，僅維持了三天。六月二十三日，自白內容變成一人犯罪，但關於在送恐嚇信途中將書包丟棄這部分則沒有改變。

問題在於丟棄書包的地點。關巡查部長所取得的上述自白筆錄中，石川先生對關巡查部長說：「下次關先生來的時候我畫地圖給你看。」指出書包棄置地點一事，因此延至隔日。隔日，六月二十一日，由關巡查部長進行偵訊，並將結果記錄於六月二十一日第一份警訊筆錄。

依照該筆錄的記載，「雖然知道書包中有筆記本和書，可能還有其他東西，但我不知道。我把它從腳踏車上拿下來，然後整個丟到山裡。」書包中有「筆記本和書」，也就是說裡面仍放著教科書、筆記本之類的東西。在該筆錄所附的石川先生手繪地圖中，棄置地點上亦僅標示「書包」，而沒有提到「筆記本和書」。

實際上，的確在該時點還未發現被害人的書包，但於五月時已發現書包中的教科書與筆記本之類的東西。這樣說來，關於這一點關巡查部長所取得的自白筆錄即有違誤。

Y女在案件當時所持有的物品，事後搜查時，於五月三日發現繫在Y女腳踏車上的橡皮繩（頁一六二，圖六之⑧），於石川先生被逮捕後的五月二十五日，在距離橡皮繩兩百公尺左右山邊田地的水溝內發現了教科書與筆記本之類的東西（圖六之⑥）。但書包本身，在石川先生做出自白的六月二十日，仍尚未找到。因此，石川先生落入自白後，再使其做出關於書包棄置地點的自白，若依此來發現書包的話，會成為「祕密的暴露」。但是在關巡查部長於六月二十一日作成的第一份警訊筆錄中，則是記載教科書、筆記本之類的東西仍放在書包中，而將「整個書包丟棄」。這與偵查人員當初所掌握的證據情形，很明顯的有所出入。

該日第二份警訊筆錄，也就是六月二十一日第二份警訊筆錄，並非由關巡查部長進行後續偵查，而是由自石川先生否認犯罪階段起、持續進行偵查的警部課C刑警進行。若依此一事實，關巡查部長雖然依照第一份自白筆錄所附的地圖至現場搜尋，但並未發現本案的書包。因此，再度追問下，得出「今天中午前提到關於丟棄書包的地點，雖然當時是說在書包中仍放有書本等東西的狀態下將其丟棄，因為巡警跟我說沒有發現，在那之後仔細想想，發現是我誤解了」的自白。也就是說，在關巡查部長進行偵訊的第一次筆錄中，「整個都丟棄」這部分是「誤解」，實際上是「將書本取出，只有丟掉書包」，「書本也丟在書包旁邊」並以泥土覆蓋。因此，在第二份筆錄中，附上新修正的地圖。

偵查人員依照第二份筆錄所附地圖再前往現場進行搜尋的結果，則發現了本案書包（圖六之⑦），並在審判中主張這就是「祕密的暴露」，確定判決也認同此一觀點。

錄音帶中所呈現的「無知的暴露」

然而，卻在已開示的偵查錄音帶中浮現出與筆錄記載明顯相異的狀況。以下是六月二十一日第一次警訊筆錄所錄下的自白，關巡查部長依照地圖前往搜尋書包未果之後的錄音內容。C刑警等人再度追問書包的棄置地點，那時，剛結束搜尋的關巡查部長也加入偵訊。

C刑警：那麼，那個……怎麼說呢……那個啊，書本是放在……放在書包裡，還是從書包裡拿出來呢？

石川：嗯……是放在書包裡■■

關：這個問題啊，我就在這裡說了。仔細聽起來，這樣的話，哎呀，書包裡有書本或其他東西啊■■

石川：有發現嗎？

關：有。

石川：已經發現了？

關：對。

石川：是這樣啊，我不知道啊。

C刑警：不不，雖然你不知道。但在書包裡有找到啊。書包■■

石川：沒有書包嗎？

C刑警：東西從書包裡拿出來了[redacted]

石川：沒有書包嗎？

關：沒有。

C刑警：書本等是從書包裡拿出來，然後埋起來嗎？只有書包是埋在其他地方嗎？

石川：書包就在旁邊啊。應該是這樣吧。

關巡查部長所製作的第一次筆錄中，石川先生表示書包內放有「書本與筆記本」且「整個」丟棄，並畫出棄置地點的地圖。關於這一點，如同前述一開始引用的部分，C刑警問：「那個啊，書本是放在……放在書包裡，還是從書包裡拿出來呢？」石川先生回答「是放在書包裡。」也就是說，依照第一次筆錄的記載，石川先生如此回答。但在一旁聽著的關巡查部長卻插話對石川先生說：「聽起來，這樣的話，哎呀，書包裡有書本或其他東西啊……」這到底是怎麼回事呢？

「書本或其他東西」所指的是書包內的教科書、筆記本。也就是說，在這裡關巡查部長告知石川先生「仔細聽起來……書包裡有書本或其他東西啊。」這代表第一次偵訊時，關巡查部長並未認知到教科書、筆記本已經被發現。正因如此，第一次製作筆錄時，無法確認石川先生「整個」加以丟棄這個供述，就直接將供述記載於筆錄上。恐怕關巡查部長是在搜尋書包時，才注意到這樣的錯誤。如同先前所述，關巡查部長不是本案直接的偵查負責人，而是以與石川先生有交情這個理由，突然在這個時間點被要求加入偵訊中，而正如同關巡查部長的上司所期待的，石川先生即做出自白。但也因此，很難說關巡查部長完全了解本案的偵查狀況。

另一方面，石川先生由關巡查部長告知「仔細聽起來……書包裡有書本或其他東西啊」，但沒有全盤接受該資訊，而是反問「有發現教科書、筆記本嗎？」關巡查部長卻回覆「有」。石川先生在此就說了「**是這樣啊，我不知道啊。**」

此外，在那之後C刑警說「但在書包裡有找到啊。書包……」石川先生則是向關巡查部長反問兩次「沒有書包嗎？」並被告知還沒找到書包，之後C刑警問「書本等是從書包裡拿出來，然後埋起來嗎？只有書包是埋在其他地方嗎？」石川先生則回答，「書包就在旁邊啊。**應該是這樣吧。**」

一開始是在關巡查部長的偵訊中說出「整個」丟棄，就此做出第一次筆錄。石川先生聽到關巡查部長再度詢問書包裡已經發現「書本或其他的東西」時，就說「是這樣啊，我不知道啊。」之後C刑警即誘導詢問「只有單獨埋書包嗎？」，石川先生也只回答「書包就在旁邊啊。應該是這樣吧。」在此，石川先生所說「應該是這樣吧」的字詞，代表「如果是這樣的話」的推論，表現出石川先生並不是基於親身經歷的體驗記憶陳述。因此，石川先生並不知道書包與教科書、筆記本的丟棄狀況。

實際上，事後發現書包的棄置地點距離教科書、筆記本被發現的位置大約一百三十五公尺，很難說是「就在旁邊」。此外，這兩處分別位於與自白所稱經過道路的相反兩側。不僅如此，六月二十一日第二次警訊筆錄中，僅說了「因為巡警跟我說沒有發現，在那之後仔細想想，發現是我誤解了」，並沒有說超過這個範圍的內容。但是，光以這些不同就說是「誤解」，是不太可能的事，若從前面提到的錄音帶來看該修正過程，很明顯並不是將一開始單純的「誤解」在後來依照體驗記憶加以修正。石川先生對於只要是真凶就不可能不知道的事實並不知情，僅是依照調查人員的追問，用想像加以修正，並回答「應該是這樣吧」、「如果是這樣的話」。

此外，在之後的自白筆錄中可見，四天後的筆錄內書包與教科書、筆記本的棄置位置有明顯區別（六月二十五日檢訊筆錄），又過了四天後，這個距離變成「三十公尺」（六月二十九日警訊筆錄），再過五天變成「五十公尺」（七月四日檢訊筆錄），慢慢變長。這不用說，就是很明顯的誘導。況且，面對經過這般誘導後轉變供述的石川先生，偵訊人員沒有任何人懷疑石川先生說不定對這起案件並不知情。對於石川先生就是犯人這種「沒有證據的確信」始終一致，使偵訊人員原本可以輕易就發現的嫌犯「無知的暴露」，因而忽略無視。

在此，我想針對可說是供述分析基礎的「供述的起源」此一想法，以及由這個想法自然導引出的「無知的暴露」及「祕密的暴露」再度說明。

「供述的起源」的想法

若無辜的嫌犯做出自白，偵訊人員會進一步認為嫌犯就是「犯人」，而以自身所獲得的證據與相關狀況為基礎追究嫌犯。另一方面，無辜的人做出自白後，自己會「變成犯人」，因此僅能憑想像對案件講出符合常理的說明。由此產生的自白，是偵訊人員與嫌犯兩者「合作」下的產物。只是，主導這個合作的始終是偵訊人員。畢竟嫌犯是無辜的，對於犯罪行為的狀況完全不知情。因此嫌犯會憑想像說出與證據不一致的話，述說著看起來不自然的犯罪內容。另一方面，偵訊人員並未考慮嫌犯無辜的可能性而肯認其回答，若有疑問，則指出並要求修正。

無辜嫌犯的自白以這樣的方式被取得，而且最終是透過偵訊人員將之文章化。因此，取得的自白內容最終與案件的客觀證據大致相符，且犯罪的大概內容也會被整理成看起來很自然的樣子。倘若如此，筆錄中所取得之自白，當然就會相當地具體詳細，且乍看之下非常真實。虛偽自白就是這樣製作而成。若不知道這個過程，只看到自白的最後結果，僅依照直覺印象來討論自白的信用性，最終就會做出錯誤的判斷。

在這一點上，心理學供述分析所採取的觀點，並非就最終的供述結果判斷信用性，而是聚焦於得到最終結果的過程，釐清個別供述內容的源頭，也就是「供述的起源」。正因如此，偵訊錄音帶顯示了嫌犯與調查人員「合作」製作的過程，而成為非常重要的資料。

例如，菅家先生於萬彌小妹妹案件的自白中，最後供述了將小妹妹的屍體裝入塑膠袋後，就將其「放到背包中丟棄」，縱使這和客觀事實一致，但由該自白產生的過程觀之，這很明顯並非菅家先生依照自身「體驗的記憶」而做出的自白。菅家先生大概是由偵訊人員的追問中獲取資訊，並基於該「傳聞」資訊，以自己的「想像」進行陳述，僅只於此。又或是在石川先生的案子中，石川先生不知道書包被丟棄的狀況，並配合也不知道狀況的偵訊人員的追問而回答出「整個書包」都被丟棄，而後再配合其他偵訊人員的追問，說出「是我誤解」，修正為「書包」中的「教科書與筆記本」是分別丟棄，這個部分也並非石川先生依照自身所「體驗的記憶」（而做出的自白），而是配合追問進行「想像」，並經「推測」後所得出的結果。

依嫌犯所說的自白內容，到底是體驗者的「體驗記憶」，抑或是非體驗者的「傳聞」或是「想像」、「推測」後所得，可以從分析自白的過程區辨出來。這是心理學供述分析的基本。

追溯「供述的起源」這種想法，原本是將供述分析進行系統化的瑞典心理學家Arne Trankell的著作（植村秀三譯，《證言中的真實》〔証言のなかの真実〕，金剛出版，一九七六）所提倡，這與日本審判實務上信用性判斷的方式不同。以自白為例，在日本只會呈現偵訊人員以「我……」這般第一人稱敘述的方式所作成的供述筆錄，當下偵訊人員是以怎樣的方式進行訊問、提供了多少關於案件的資料，這些都不清楚。因此，要判斷供述的起源並不容易。在這之中，我自己進行供述分析時也遇到許多困難。關於這一點，最近的案件偵訊過程均有進行錄音錄影，因此要分析資料、獲取「供述的起源」，比以往還簡單許多。

「無知的暴露」與「祕密的暴露」

當然，即使是真凶自白的情形，自白內容也不一定會與客觀證據相符。真凶做出自白後，有些部分可能會因為不想讓他人知道而故意蒙混過去，也有可能因記憶有誤而做出與事實不符的供述。此時，該供述的起源即是真凶的「謊言」或是「記憶錯誤」。另一方面，一般來說不可能記錯，抑或真凶沒必要在此說謊蒙混過去的部分，如果客觀狀況與供述相異，則必須考慮是否是不知道事實的無辜者單純的「想像」或「推測」而做出供述的可能性。換句話說，這是因為並未實際體驗犯罪而產生的「無知的暴露」。

進行供述分析而找出供述的起源，若辨明其為「無知的暴露」的話，簡言之，可以顯示出該供述者並未自己實際體驗那些成為問題的事實。這與目前刑事偵查與審判中所重視的「祕密的暴露」，兩者正好是一體兩面。

「祕密的暴露」，是指目前為止未於偵查過程中發現的祕密，藉由真正的體驗者的供述而初次暴露。例如在殺人事件的現場，搜索後並未發現凶器。但在嫌犯的自白下供述出凶器的種類與丟棄的場所，偵查人員若於其所供述的場所發現凶器，這就是「祕密的暴露」。這種「祕密的暴露」，雖然至今仍是判斷自白信用性的重要標準，但實際而言，該著眼點已經超越自白內容與客觀證據是否一致這樣的信用性判斷的程度，而與「供述的起源」是否在供述者所體驗記憶中這點相關。

這樣的「祕密的暴露」或「無知的暴露」，正是站在「供述的起源」判斷該供述是體驗者或是非體驗者所為的重要指標。

◆3、說不出的大量事實

現場所留下的大量「事實」

清水事件中袴田先生的狀況，與足利事件中的菅家先生、狹山事件中的石川先生不同，他曾親身經歷案發現場。因此，在袴田先生落入自白後，並非僅將周邊的傳聞消息加以組

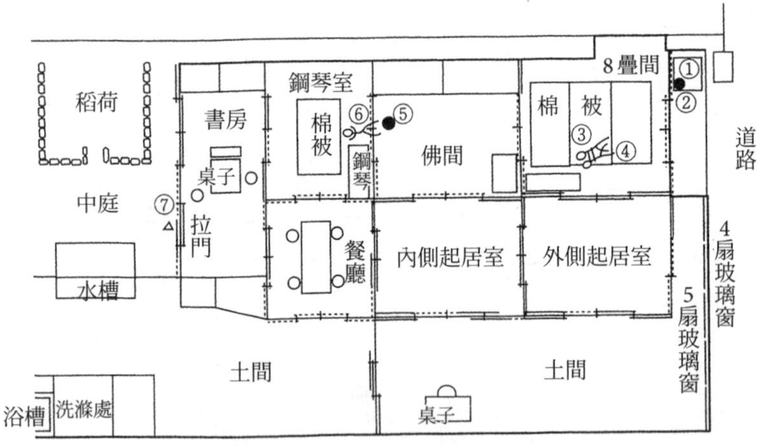

①收納寢具處　②內有現金的甚吉袋　③妻子T　④M
⑤雕刻刀　⑥F　⑦雨衣　⑧血跡　⑨專務H
⑩含有油的厚紙板、褲子　⑪皮夾　⑫錢包　⑬錢包

合，而是也結合了當下的親身體驗，而說出犯罪時的狀況。

袴田先生是被害人H所經營的味噌工廠的員工，他住在工廠二樓員工宿舍內，宿舍與H住宅相隔一條鐵路。深夜火災發生時，袴田先生急忙趕去滅火，待火勢撲滅後，他與工廠的其他同事進到被完全燒毀的被害人家裡，並在屋內發現被害人的屍體。

犯罪現場中，除了死者四人身上有多處刺傷，並被灑上汽油放火，使屍體呈現燒焦狀態外，還留有其他龐大「事實」的痕跡。其中一部分的現場如圖三所示，該圖描繪橫跨東海道線鐵路的另一頭，是袴田先生夜間休息的工廠。四名被害人屍體所在位置，分別為：後門附近的專務H⑨，內側八坪大的房間是太太③

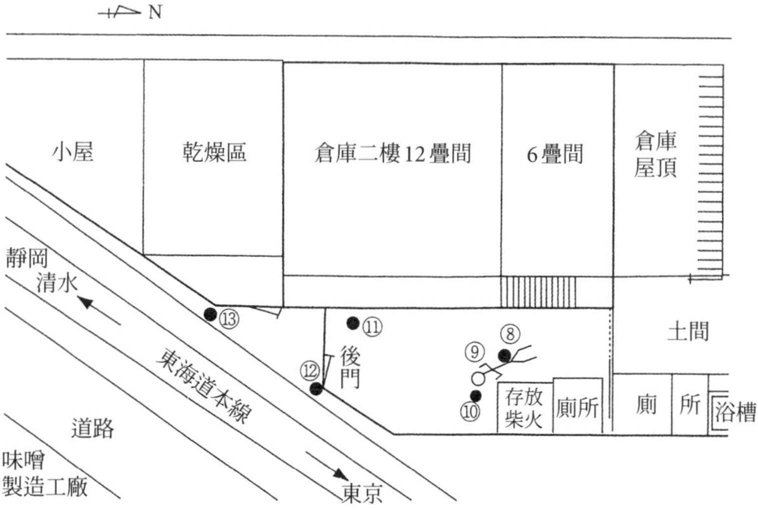

圖三　現場示意圖、屋內的狀況

（再收錄於《自白的心理學》）

與長男M④，鋼琴房則是二女兒F⑥，每具屍體都呈現被灑上汽油後燒焦橫躺的狀態。

此外，F的腳邊有著被認為是凶器的雕刻刀⑤，八坪大房間的角落有放寢具①的甚吉袋（可以放入兩瓶一升瓶[8]的厚布袋）②，袋中有三個錢包不見蹤影，其中兩個錢包則在道路旁的⑫⑬處發現。此外，出入口內側前發現裝零錢的皮夾。至少前述這些事情應該要在自白中說明。

如同第二章所見，袴田先生在一九六六年八月十八日被逮捕，在連續十九天的偵訊後，於九月六日做出自白，在當天做出的自白筆錄共有六份。觀察這些筆錄，其中記載了組合上開主要「事實」的內容，乍看之下似乎有對上述事實進行說明，但是，理應納入這些「事實」的犯罪內容卻沒有固定說詞，從第一天（六日）、第二天（七日）到第三天（八日），每天都有很大的變化。原本的犯罪動機，從一開始是出於「與專務老婆的關係」，最後則是基於想取得「與自己媽媽還有小孩一起住的公寓的借款」之金錢目的。每天改變動機這一點，有著「難以理解的不自然感」。承認所有被詢問犯罪的全面自白後，卻看不到必須這樣改變供述的理由。這點，強烈地展現虛偽自白的危險性。

但是，宣告袴田先生死刑的確定判決中，僅採用最後一份偵訊筆錄，便將自白內容中特別的供述變化排除於討論對象之外，而在此基礎上肯認了自白的信用性。

關於清水事件的偵訊，我們以下以經過半世紀左右才開示的錄音帶中，從做出自白後的自白內容的展開過程進行檢討。但收錄於錄音帶中的內容，幾乎都是做出自白的九月六日當天的偵訊內容，之後的偵訊內容僅有一小部分，因此，雖然無法完全弄清楚七日、八日每天有變化的供述變化過程，不過，僅分析九月六日偵訊的錄音帶，也可以清楚發現自白內容展開過程中有令人不解的地方。

殺害H先生場景的自白

清水事件的錄音帶中，在做出自白後當天（九月六日）的偵訊裡合計收錄了將近十一小時的錄音。在上午十點後做出自白，關於M刑警所做出最早的兩份自白筆錄的偵訊，雖然沒有被收錄在錄音帶中，但除此之外，從上午十一點後到當天深夜，偵訊的過程幾乎全部被收錄。當天其餘四份自白筆錄（其中三份為I刑警作成）的製作過程，幾乎都可以在錄音帶中找到。

8 譯注：約一．八公升的玻璃酒瓶。

比對錄音帶與自白筆錄後，令人驚訝的地方是，筆錄中所記錄的「話語」，多數是袴田先生自己說他「無法說明」的事實。自白筆錄中是以袴田先生用第一人稱說出「我……」作成，雖然從紀錄中看起來似乎全部是袴田先生自己所說出的，但由錄音帶可以知道，袴田先生對於偵訊人員的問題幾乎都以單字片語、非完整的句子進行回答，而幾乎沒有從自己口中說出完整段落。

舉例而言，由I刑警偵訊作成的九月六日筆錄中，袴田先生從頭到尾說出犯罪全貌，在此我想談專務H遭殺害的場景，該筆錄就是九月六日的六份自白筆錄中，M刑警連續作成兩份筆錄後的「第三份」（比對偵訊錄音帶，發現實際上是當天的「第五份」，但卻偽裝成是第三份這個事實）。

閱覽這個自白筆錄之前的自白內容，未收錄於錄音帶而由M刑警所作成的第一份筆錄中有「殺害專務一家的是我。真的非常抱歉。詳細內容我現在說明」之記載，同樣未收錄於錄音帶的M刑警作成的第二份筆錄中，犯罪的過程僅簡單地整合成四頁。但內容並未超出偵查人員可以從現場狀況想像出來的範圍——袴田先生與專務的老婆有深交，由專務的老婆交代「想要翻新房子，請假裝成家中遭強盜、並將房屋燒毀」，袴田先生接受請求，並於事件當日深夜一點半左右，侵入由專務的老婆協助打開的內側出入口，並於屋內物色財物時，「因專務起床，所以想從內側出入口逃走，但最後無法逃出，並當場和專務起爭執，自己所持有的刀被專務奪去」，在纏鬥後，袴田先生「左手手指被切傷」，「右肩負傷」。於此前提下，在記錄下從否認階段一直被追問，並要求說明睡衣血跡這樣的自白內容後，他表示「因為所持的刀子被專務奪走，便用右手毆打專務，致其倒地，然後把刀子拿回來」、「在恍神的狀態下就刺了專務」。然後在這個狀態下被專務的老婆看到，「並追上專務的老婆，然後在恍神的狀態下刺了專務的老婆」，但關於殺害二女兒F和長男M的內容與經過，則是回答「記不得了」。這個自白筆錄所記載的自白內容，因為沒有錄音帶，因此其中哪一段是袴田先生所說、又是怎麼說的，統統都不清楚。

以一開始的兩份自白筆錄為前提，以下將對於「第三份筆錄」是以怎樣的方式取得自白、以及要如何與偵查錄音帶中的內容加以對照進行討論。以下是袴田先生手持雕刻刀侵入專務住宅，並於屋內物色財物時被專務發現，從玄關處逃到內側出入口，但仍被專務追上，被專務以腳踢傷後的部分。以筆錄所記載的文字資料為基礎，並比對有袴田先生聲音的錄音帶，由袴田先生自己口中所說出的加上灰底，回答偵訊人員問題的以底線標示，沒有任何標示的部分，則是無法確認是否與錄音帶相對應。也就是說，是製作筆錄階段偵訊人員所添加的。

（被腳踢）所以我很激動，而右手拿刀走過去。刀以小指側握住並舉起，但被專務以右手制止後，從後面被壓住，那個時候右手腕就被刀尖切傷。那個傷痕就是這個地方。請你看一下（此時嫌犯給本職員看其右手腕）。那時候我和專務纏鬥，而當時掌控權在專務手中，我想要取回刀子但最後刀子卻被拿走（文字不明）。但意外左手碰到刀刃，就在那個瞬間感到刺痛而被切到。因為在左手碰到刀刃的瞬間感到刺痛，因此就回推專務，在那瞬間專務就跌倒，因為刀子也離開我的手中，所以在專務跌倒的同時，我也撿起刀子，倒下的專務再爬起來的時候，我就右手持刀，朝向專務的胸口、脖子部分亂刺，專務就這樣一動也不動。

袴田先生在事件後，左手中指有五、六公釐的切傷，本人認為應該是滅火時跑到屋頂滑倒所致，並以此進行說明，但偵查人員卻懷疑是作案時所受的傷。此外，關於右肩的傷，偵查人員也認為和案件有關。上面提到的自白內容，是偵訊人員抱持著這樣的想法作成的筆錄，由袴田先生口中所說出的灰底部分，僅佔極少部分，以字數而言，大約僅佔整體的七分之一。而以底線標示的袴田先生口述的各片段部分（偵訊人員問問題時所說出的話），與基於兩人問答而串連起犯罪脈絡的非對話部分（上方引用處沒有任何標示的部分），錄音帶內容無法與之對應，僅能說是偵訊人員擅自添加的。

由此觀之，可說筆錄上幾乎都是以如同袴田先生本人自行描述的形式所記下，但袴田先生自己所說的話僅佔少數，最後將犯罪的流程加以串連起來的，是偵訊人員。

在這之後三人被殺害的情狀

在這之後，專務的老婆、M、F三人被殺害的過程，於筆錄中只有如同下列非常欠缺具體內容的記載。

（殺害專務）的那個時候，姊姊站在廁所靠近出入口內側。一看到我，姊姊就發出「啊」的慘叫，並往床的方向飛快地逃走。因為我殺害專務時被姊姊看到了，我只好追過去，姊姊在床的附近被我抓到，我跨坐她身上就拿刀刺下去。

我追姊姊的時候，M已經站在姊姊的旁邊，姊姊被刺一、兩次時，我也刺了在隔壁的M。雖然我同樣在床的地方亂刺了姊姊與M，但那時候F也起來了，看到我就逃跑，所以就在有鋼琴的房間附近以相同的刀子刺了F數次。

專務的老婆（筆錄中被稱為「姊姊」）看到在出入口內側旁殺害專務的情況，逃走被追到屋裡而被刺這個記載，於M刑警第二份筆錄中已經存在，袴田先生只是將該內容加以陳述，這個部分本來就無法保證一開始即由袴田先生所說出。此外，關於殺害行為，雖然三人都被殺，但從袴田先生的發言中，只有記載「亂刺下去」。

若使用「供述的起源」這種考察方式，在供述筆錄所記載的供述中，沒有可確認是源於袴田先生自己發言的部分。這個自白筆錄，充其量僅是袴田先生與偵訊人員間「合作」下的產物，而且是由偵訊人員所主導的「合作」，不得不說多為偵訊人員的「作文」。如果袴田先生是真凶，自白筆錄必須以袴田先生自己陳述的「體驗記憶」來建構，但由錄音帶可以得知，袴田先生發言的部分非常有限。

現場有四人的屍體，每一個人身上都被刺了數十刀，自白筆錄中有「提及」這一點，但在此僅意識到屍體的位置，除此之外並不具體。在此之上，之後的自白連殺害的順序都改變了。

潑灑汽油、放火的情狀

並不是只有上面提到的自白有問題。被殺害的四人中，除了專務外的三人都是在室內遭刺。若依這三人的解剖結果，從支氣管內檢測出有煤炭、血中有一氧化碳這點來看，可知起火時三人都還活著。也就是說，是對還活著的人潑灑汽油並放火。這就會是令人無法想像的場景。但由該部分的偵查錄音帶來看，僅有以下問答的內容，完全沒有當時具體的情狀。

I刑警：現在，四個人都不會動了吧？

袴：嗯。

I刑警：嗯。之後你就去出入口內側，做了什麼？

袴：就踢破出入口跑到外側。

（沉默）（筆錄記錄聲音）

……中略……

I刑警：（不明）在這之後怎麼了？

袴田：在這之後，在油上點火。

……中略……（僅有分別對於四人潑灑汽油的問答）

L刑警：為什麼要灑汽油？

I刑警：如果沒灑，就會被發現，（不明）嗎？嗯？

袴田：是的。

（沉默）（筆錄記錄聲音）

I刑警：如果潑灑汽油燒起來的話，這樣，你認為之後就不會被發現了？嗯？對吧？你那時候的心情呢？

袴田：是的。

……中略……（僅有分別對於四人放火的問答）

I刑警：點火的時候，大家都已經沒有呼吸了吧？

袴田：我認為是。

I刑警：嗯……

（沉默）（筆錄記錄聲音）

I刑警：那之後呢？怎麼了呢？

袴田：之後就從後門回去了。

對於刺殺四人的結果，刑警說「四個人都不會動了吧」，而袴田先生回答「嗯」；而對於點火時，刑警說「沒有呼吸了吧」，袴田先生便回答「我認為是」。就只有這樣。現場被害人的狀態、袴田先生自己具體的行動，和當時其自身的心理狀態，均沒有說明。

若實際體驗了以凶器刺殺四人，並且在被害人一息尚存的狀態下對其潑灑汽油並點火，展開了令人無法想像的場景，但袴田先生的自白中竟然僅以「點狀」方式，而非以「連續段落」的方式對於「刺下去」、「潑灑汽油」、「點火」這樣的事實進行說明。

自白外「只有十分鐘的犯罪」

不僅如此，若是深夜一個人偷偷溜進房子裡，並在刺殺四個人，潑灑汽油、放火後逃走的話，縱使從一開始就已經完全計畫好，並全部依照計畫進行，應該也會耗費許多時間。如果如同袴田先生的自白，並非當初就已經計畫好，而是在侵入屋內物色財物時偶然被H發現，便將一家四口殺害，並且為了湮滅證據而放火的話，這樣到底會花多久時間呢？

原本本案是凌晨兩點現場竄起火勢，附近鄰居即聯絡消防局並進行滅火。依照後續的偵查，現場旁邊東海道線的列車站務員，於凌晨一點四十四分左右注意到燒焦的臭味。由於當時火苗尚未竄出，因此放火時刻會稍微早一點，也就是說大約在一點四十分前後。這也是重要的「事實」，應該要在自白中加以說明。

但是，依照袴田先生的自白，他從工廠內宿舍房間出來是深夜一點二十分左右，侵入犯罪現場H住宅是在一點三十分左右。這點從九月六日一開始的自白到九月九日的警察筆錄均相同。

在九月六日的自白中，袴田先生與H的老婆有深交，受專務的老婆交代「想要翻新房子，請假裝成家中遭強盜、並將房屋燒毀」而犯案，這也是犯案動機。在工廠將汽油裝入味噌桶內，並搬到後門，因為專務的老婆協助打開出入口內側門鎖，因此可以提早將汽油搬到屋內。這是在一點三十分左右。從那時候到一點四十分左右的短暫十分鐘內，以一把雕刻刀刺殺四人，並潑灑已搬進屋內的汽油放火。

九月七日之後的自白中，已無專務的老婆交代這樣的內容，因此搬運汽油的時間點變成在殺害四人後，這需要花費時間。即使如此，入侵H住宅的時間仍是一點三十分左右。如果是這樣，則是從其他建築物的屋頂入侵H住宅，而於物色財物時被H發現，便在出入口內側刺殺專務，並殺害屋內其餘三人後，決定放火，因此回工廠將汽油搬至現場，將汽油分別灑向四人，點火後逃回工廠。這些事情必須在十分鐘左右完成。現實上是不可能的事。

偵訊人員雖然知道火苗竄出的時刻，但難道在偵訊中沒有具體意識到這一點嗎？最後，袴田先生的自白中，僅就在H住宅將四人全部加以殺害，並潑灑汽油點火這個事後的「事實」，一點一點加以確認，並沒有說出超過這個範圍以外的具體犯罪內容。

對於無辜的人來說，無論再怎麼想像，都無法立即說出犯罪內容。做出自白的嫌犯這種「說不出話」，或許正是因為烙印著「無知的暴露」，而展現出嫌犯沒有親身體驗的第一個表徵。

◆4、由事後的「事實」編織出的奇妙自白

由事後「事實」進行逆向推論

對無辜的嫌犯而言，要對事件後所殘留下來的事實逐一進行具體說明，是相當困

難的事，因此常有自白後「說不出話」的情況。但隨著自白過程的進展，無辜的嫌犯對於案件的內容漸漸能具體了解，因此也可以想像出犯罪的概要。不過，在此有新的問題產生。

無辜的嫌犯被偵訊人員追問犯罪內容而需進行說明時，不論是嫌犯或偵訊人員，均未體驗過實際的犯罪，因此僅能由事件後做為結果而留存的「事實」中，回溯出當初的犯罪「過程」，透過想像加以組合。但在此終究有無法解決之處。如果真凶被捕，而在偵訊現場進行真實自白的話，於該自白中，會自行依照順序說出在現場的犯罪流程，並依自己的親身體驗進行回憶並說明。既然是依照實際體驗行為的順序，即便那就是犯罪行為本身，因為是人連續性的順向舉動而很自然地能夠被理解。但若是無辜的人以自己所未體驗的事，加上被提供的事後「事實」進行逆向推論來說明的話，就會產生對於以順向的思考方式而言，有著「難以理解的不自然感」。這就是「逆向推論」的痕跡，這樣的自白本身就可以顯示出該話語是由未實際體驗者所說出。

例如，狹山事件的情形，恐嚇信投入被害人Y女的住處信箱的「事實」；依該恐嚇信隔日深夜真凶於指定的場所現身的「事實」；Y女遭性侵後被殺害的「事實」；屍體埋在農業道路被發現的「事實」；在農業道路附近的田地裡有一個芋頭洞穴、然後將Y女腳踏車上的塑膠袋包袱丟棄至此的「事實」等等，有許多事後確認的「事實」部分。如果石川先生是本案真凶的話，上述全部事實應該可以按其自白、依序以令人可接受的方式進行說明。

在此，首先須拿出來討論的是，石川先生於六月二十三日由三人犯案變更為單獨犯案的自白後，關於屍體遺棄情形的自白，石川先生則是說出屍體最後埋在農業道路。這段話所對應的偵訊狀況，仍留存在已開示的錄音帶中。

應當是有計畫的犯罪，但卻看不出計畫性

首先，在石川先生最後所述本案為單獨犯罪的自白中，若從該犯罪的流程觀之，犯罪的動機是誘拐小孩而取得贖金，因此就從妹妹所持有的雜誌中剪下文字，事先做成恐嚇信，放到褲子的口袋。事件當日大約下午三點時，石川先生偶然在路上遇到女高中生Y，將她帶到山中加以性侵後殺害，因此改寫了手邊的恐嚇信，把恐嚇信投入Y女住宅想因此取得贖金。但恐嚇信送到Y女住宅時，因為住宅距離屍體很遠，就先將屍體藏在附近田地芋頭洞穴中，在送達恐嚇信後，再回到芋頭洞穴，將屍體搬出，並埋藏至附近的農業道路。

這樣的陳述，乍聽之下似乎沒有問題，但仔細想想後則有奇怪的地方。一開始是想誘拐不特定的小孩而獲取贖金，因此製作恐嚇信——這樣的犯罪計畫非常難以令人理解。此外，偶然在路上遇到女高中生Y，將其性侵後殺害，並修改既有的恐嚇信，找尋從未去過的Y女住宅並投入恐嚇信。這世上難道有這樣匪夷所思的犯罪存在嗎？要誘拐在路上偶遇且從未見過的女高中生Y，不管是應該要投遞恐嚇信的Y女住宅在哪，或對方是否擁有可做為大量贖金的資產，這些事情都不知道。表面上是以「有計畫犯罪」的角度出發，結果卻是完全「無計畫性」。這樣途中巧遇的犯罪本身，很難依犯罪順序加以理解，但很有可能是以逆向方式進行推論。關於這一點，暫時先擱置於此。接下來須討論的問題，是遺棄屍體的情狀。

「將屍體暫時隱藏於芋頭洞穴」這樣特異的犯罪概要

誘拐、恐嚇信被投入是發生在五月一日，Y女的屍體則是在三天後的五月四日被發現（參照圖四）。關於屍體被遺棄的狀態，依本案搜查可確認以下四件「事實」。但問題就在於，這四件事實是如何被組合至石川先生的自白中，並使石川先生進行陳述。

A　屍體被埋在農業道路（頁一六二，圖六之⑬）的事實

B　屍體的雙腳被細繩綑綁，該細繩與長麻繩連接在一起的事實
C　屍體的腳背細繩綑綁的一端與塑膠袋包袱的一部分連接在一起的事實
D　屍體與上述塑膠袋包袱的一部分在附近的芋頭洞穴（圖六之⑤）處發現的事實

石川先生的自白中，關於Y女被殺害後遺棄屍體的狀況做了以下說明。

ⓐ殺害Y女後，暫時在周圍樹林的檜木（圖六之④）下思考，想要將恐嚇信送到Y女住宅（圖六之⑩）前，屍體暫時吊在芋頭洞穴中藏起來，回來之後將其埋在農業道路。因此先將屍體搬運到芋頭洞穴，回到樹林中的檜木下，取出褲子口袋中的恐嚇信，將內容進行修正。

ⓑ之後就從附近的新屋家中拿出細繩，想將屍體的雙腳以細繩與Y女腳踏車上帶著的塑膠袋包袱綑綁。但那時候塑膠袋包袱的兩端被切成細長狀，因此就這樣用細繩綑綁腳踝，一端以長繩連接，將屍體搬運到芋頭洞穴，並倒吊於芋頭洞穴中，繩子的另一端則綁在芋頭洞穴旁的桑樹上。

ⓒ在這之後就騎著Y女的腳踏車，前往Y女住宅，途中將書包丟棄（圖六之⑥⑦⑧），在附近的住家（圖六之⑨U、K住家）打聽Y女的住宅，然後將恐嚇

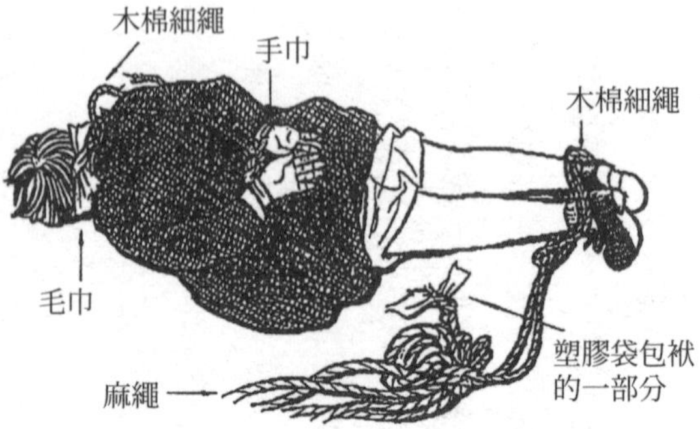

圖四　屍體遺棄狀況（狹山辯護團提供）

信投入Y女住宅。

ⓓ之後回到藏屍體的芋頭洞穴，為了要埋屍體，所以在附近的農業道路進行挖掘，拉起芋頭洞穴中的屍體，將之埋到農業道路所挖的洞中。

屍體埋在農業道路前，將屍體暫時隱藏（ⓐⓑ）在田中的芋頭洞穴（圖五），前往Y女住宅投遞恐嚇信（ⓒ），最後回去芋頭洞穴，將屍體拉起，埋到農業道路中（ⓓ），這樣的犯罪概要是由上述四件「事實」所組成，而且還是非常特別的內容。正因如此，乍看之下會認為是若非親身體驗者就說不出來的自白。實際上，確定判決也是這樣認定，該自白的信用性因此被高估。但沒有什麼比這種根據直覺印象加以判斷還要危險的事了。

被事後「事實」逼迫，走向逆向推論之可能性

實際上，石川先生的自白中關於Y女屍體遺棄的相關狀況，有可能是由上面提到的四件「事實」的逆向推論而成。

首先，Y女的屍體被埋在農業道路這個「A事實」，以及關於遺棄屍體的犯罪順序，以最終的結果而言，這是自白內容的大前提，因此石川先生的自白即依此說出「屍體最後埋到農業道路」。

在將屍體埋到農業道路前，因為要去Y女住宅投遞恐嚇信，而說出將屍體暫時隱藏在芋頭洞穴中。這個內容，是由Y女腳踏車的置物籃內放置的塑膠袋包袱，以細長狀的狀態掉到有爭議的芋頭洞

圖五　芋頭洞穴（狹山辯護團提供）

穴的「D事實」所推論。此外，由與該塑膠袋包袱一致的那端將屍體腳踝加以綑綁並留下細繩的「C事實」，而引導石川先生說出，欲使用該塑膠袋包袱將Y女的雙腳腳踝細綁而切成細長狀這樣的話。甚至是由將Y女雙腳腳踝綑綁的細繩後端有連結著長繩這個「B事實」，引導出「屍體該不會是吊在芋頭洞穴，長繩的一端綁在桑樹上，之後將屍體拉起吧？」這樣的推論。對於當時的偵查方，Y女屍體雙腳腳踝被細繩綑綁，後端連結著長繩這個事實，到底代表了什麼意義，這是個大謎題。因此，當初對於偵查方的課題就是使嫌犯在其自白中就該部分陳述。

以此觀之，石川先生與屍體遺棄相關具有特異性的犯罪概要自白，有可能是由上述四件事後的「事實」逆向推論的結果。實際上，石川先生於否認後的第二審審理程序的供述中，說出該犯罪概要是「自己思考後所說出」，也就是說，該犯罪概要是由偵訊人員提示事後的「事實」，經過自己思考後再將結果於法庭中進行陳述。確定判決中即緊抓這一點，認定並非受偵訊人員強迫，而是石川先生自己所陳述，因此具有「任意性」。此外，也與事件後客觀的證據相符，因此亦具有高度的「信用性」。

如同至今一再重複的內容，虛偽自白是指無辜的人做出自白後，在不得已狀況下想像若自己是犯人的話會怎樣做，並將此說出來的結果。被認定為並非受偵訊人員的強迫，而是自己所說出的真正自白這點，則是表現出法官對於虛偽自白過程的無知。

先撇開法官對於虛偽自白過程的無知這點，問題在於依親身體驗的過程這個犯罪概要是否自然。因此必須針對此進行檢討。

依序行動中「令人無法理解的不自然感」

若以真凶會依序行動審視石川先生關於丟棄屍體的自白流程，無論怎麼想都覺得有著令人無法理解的不自然感（圖六）。

第一，自白中所指出被認為是殺害現場的場所，位在周邊是廣闊田地的深邃雜木林中（圖六之④）。埋藏Y女屍體的地方，則是距離該雜木林邊界約兩百公尺的農業道路（圖六之⑬），周邊是廣闊的田地，有路人通過的可能性。現在自白中對Y女加以性侵並殺害的時間點，在桑樹田中有O先生在進行農作這件事情已經被證實（圖六之⑭）。此外，自白中屍體被倒吊藏起的芋頭洞穴，則是距離屍體被埋藏的農業道路約二十公尺的田地中挖的洞穴（圖六之⑤）。將上述的位置關係置於心上，來思考一下在自白中石川先生到底是怎樣行動的。

依照自白，石川先生在雜木林中殺害Y女，為了將恐嚇信送到Y女住處，必須

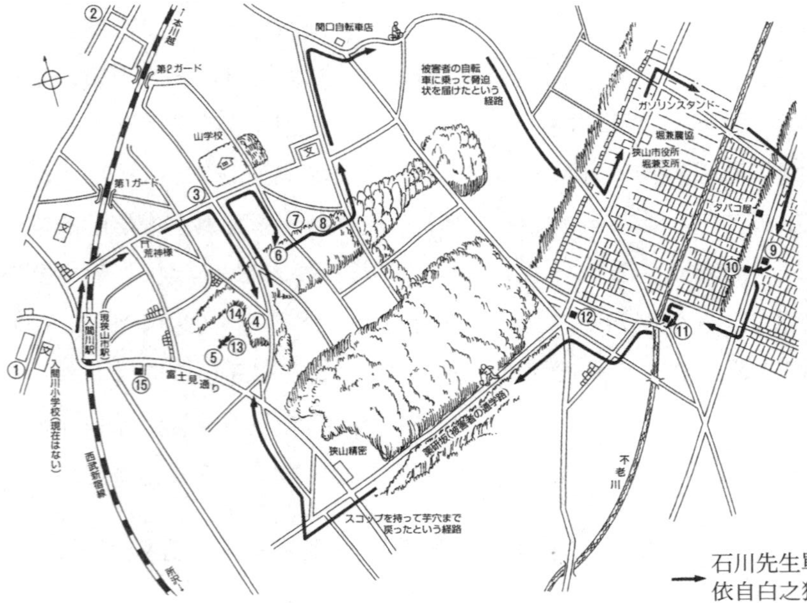

① 川越高中入間川分校（Y女所就讀的學校，現為狹山準護士學校）
② 手銬發現地點
③「相遇地點」（依自白）
④「性侵、殺害現場」（依自白）
⑤ 芋頭洞穴
⑥ 教科書等發現現場
⑦（背包／書包）發現現場
⑧ 橡皮繩發現現場
⑨ U、K住處
⑩ N住處（Y女住處）
⑪ 養豬場
⑫ 佐野屋
⑬ 屍體發現現場
⑭ 五月一日下午O進行農作之桑樹田
⑮ 石川一雄住處（現為狹山現地事務所）

→ 石川先生單獨犯罪依自白之犯罪路徑

圖六　被認為是殺害現場的樹林（④）與芋頭洞穴（⑤），屍體所埋藏的農業道路（⑬）（狹山辯護團提供）

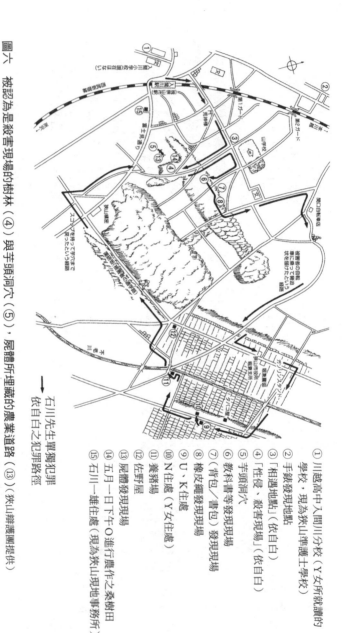

暫時離開雜木林。當時雖然想將屍體藏在不會被發現的地方，但是時間大約是下午六點多。因為案件是發生在五月，此時太陽才正要下山，天還很亮。若依照石川先生的自白，在天仍亮著的狀態下，他抱著屍體從樹林走到農業道路，移動到距離兩百公尺左右的芋頭洞穴。為了隱藏屍體，竟從樹林中走出來，冒著被人發現的風險，這件事情依照順向思考會出現明顯矛盾。若為了暫時離開雜木林，而需要將屍體加以隱藏的話，倒不如將屍體藏在殺害現場周遭樹林中難以被發現的茂密處，風險還較低。實在是找不出不將屍體藏在樹林茂密處，而必須抱著屍體從樹林中走出的理由。

第二，則是與屍體藏在芋頭洞穴這件事情本身的難度有關。芋頭洞穴，是在田中挖出L形狀，將採收下來的芋頭倒吊保存的洞穴。Y女的體重約為五十四公斤，要將屍體搬運約兩百公尺的距離是件很麻煩的事，而且還有可能會被發現。此外，還必須將屍體的腳踝用繩子綑綁，由頭部吊下洞穴，並將繩子的末端綁在桑樹上，之後將恐嚇信送出並回到洞穴處時，再以繩子拉起具有相當重量的屍體。若為了暫時將屍體隱藏起來，應該會想到更簡單的方式，而這些更簡單的方法非常多。儘管如此，光是想做這樣麻煩的事本身，就很難說是順向思考。

第三，屍體腳踝並未有傷痕。這是客觀的事實。如果如同自白中所述，以將腳踝加以綑綁的狀態把重達五十四公斤的屍體吊在芋頭洞穴數小時，然後再將屍體拉出，這對於腳踝的負擔非常大，不可能不會留下任何傷痕。但檢驗屍體的結果，腳踝卻沒有留下這樣的傷痕。大概是石川先生進行自白時，並不知道屍體的狀態，而取得該自白的偵訊人員也沒有意識到這一點吧。正因如此，石川先生才會說出與客觀事實相異的自白。這正是「無知的暴露」。

由上述內容來看，石川先生該部分的自白很明顯是以四件事後「事實」為前提，並以逆向推論所建構。這正是無辜的人想像出來的產物。

顯示逆向推論過程的錄音帶

將屍體暫時隱藏在芋頭洞穴這個自白是非常特別的犯罪概要，乍看之下，若沒有這樣的體驗，則無法將這般特異的狀況說出來。但實際上，這僅是由事後「事實」以逆向推論所構成的詭異概要。這點雖然可以從自白筆錄中所載文字資料的分析來辨明，但若分析新開示的偵訊錄音帶，則可以更進一步確認想像的過程。

以下是收錄六月二十五日警訊筆錄過程的錄音帶內容。在此，偵訊人員正詢問石川先生是何時想把屍體埋在農業道路。但對話內容卻處於平行線而無交集。

B刑警：從那時候起，想要將屍體埋起來，果然還是……嗯，啊，那個，在那個樹的下面想的時候，就在想埋屍體的事情對吧？

石川：並不是這樣，沒有啊。

B刑警：嗯。嗯。

石川：有繩子，將Y女吊下的時候。

A刑警：啊。是這樣啊。

石川：嗯。

B刑警：嗯。

石川：從想要藏在洞穴中開始。

B刑警：啊。

A刑警：啊，是這樣啊。

……中略……

（中間）（筆錄記錄聲音）

B刑警：挖洞穴，但這樣，誒，想藏在洞穴的話，直接丟下去不就好嗎？

石川：嗯。的確是這樣呢。

B刑警：嗯。（笑聲）你說的確是這樣，代表這樣是你想的吧。
A刑警：哈哈哈。
B刑警：啊。
A刑警：所以，簡單來說，這個，丟到洞穴中，誒，如果放入洞穴中，不就不用埋起來了嗎？
B刑警：嗯。
A刑警：聽起來是這樣的啊。這到底是為什麼，為什麼，要埋起來呢？
B刑警：嗯。
A刑警：這樣的……內容啊。
石川：所以，就是放到洞穴中的話就會有麻煩啊。
B刑警：嗯。
石川：所以最後再埋起來。
B刑警：嗯。所以，那個，你所想的，想要埋起來是在哪個時間點想到的呢？
石川：想要埋起來的這個想法，是邊走邊想的。
B刑警：邊走邊想的是指？

石川：那個，將信送出的途中邊走邊想的。

這個偵訊內容一開始的部分是B刑警訊問「埋在農業道路」這個想法是不是「在樹下想的時候」。這個「樹下」指的是在雜木林中性侵、殺害Y女後，直到日落之前，在林中一棵檜木下，想著接下來該怎麼辦。B刑警進行如同下列文字的誘導訊問：具體指示「樹下」，並在前往Y女住處投遞恐嚇信之前，將屍體隱藏在芋頭洞穴，之後才「想要埋在農業道路」。

但石川先生並未按著上述誘導，針對「想要埋在農業道路」，以在芋頭洞穴中「將Y女吊下的時候」這種與問題不連貫的方式回答。藏在芋頭洞穴後，埋在農業道路這個想法，會使得將屍體吊在芋頭洞穴時以繩子綑綁腳踝並拉上來的行為變得毫無意義。這個犯罪概要並沒有被石川先生完全接受。

在此，B刑警反問「想藏在洞穴的話，直接丟下去不就好嗎？」但石川先生並未抓到該反問要旨，而以如同第三人的態度，回答「嗯。的確是這樣呢。」B刑警則是對石川先生說「你說的確是這樣，代表這樣是你想的吧。」

這個偵訊內容中，偵訊人員認知到屍體有長繩，並隱藏在芋頭洞穴，之後送出恐嚇信，然後再回到芋頭洞穴將屍體拉出，埋到農業道路這樣的犯罪流程。但石川先生並沒有完全接受這樣的流程，上面最後引用的部分，石川先生再度說想要埋到農業道路是在「送信的時候」想到的。

經一再誘導終於吞下的概要

偵訊人員在這之後，就於問及芋頭洞穴中吊起屍體的階段時，也想以腳踝綑綁長繩這個犯罪概要說服石川先生，但石川先生也不完全接受這樣的情形，於錄音帶中反覆修改，結果就成為下述內容。

B刑警：為什麼要藏在洞穴中？

C刑警：嗯。

B刑警：以繩子吊起來嗎？

C刑警：是，是這樣的。

A刑警：所以，為什麼最後會藏在洞穴中以繩子吊起？

……中略……（同樣的問題重複）

B刑警：為什麼，這個，吊起來呢？

C刑警：是這樣的吧？

A刑警：吊起來這點。

B刑警：嗯。

石川：不是，埋起，我想要埋起來。

C刑警：嗯。所以要搬走。

B刑警：因為[redacted]。

C刑警：不不不。

B刑警：想要埋起來，這難道不是指吊起來前的想法嗎？

石川：是這樣的。

B刑警：這樣啊。

石川：就是這樣。

B刑警：是這樣啊。在哪邊有這樣的想法的？

石川：這是相同的（作者注：與藏在芋頭洞穴中的想法相同，在「樹下」的意思。）

C刑警：啊，是在這裡啊？

A刑警：[redacted]好，什麼，那個，你好好考慮這個問題。

石川：嗯。

B刑警：若不是這樣，那就不合理啊。

偵訊人員為了使石川先生接受：之後要從芋頭洞穴中「拉出」、「要搬走」、「埋起」這樣從芋頭洞穴吊起來的流程進行詢問，此外還以「想要埋起來，這難道不是指吊起來前的想法嗎」進行赤裸裸的誘導。對於上述誘導，石川先生最終回答「是這樣的」，而偵訊人員以「這樣啊」加以確認，石川先生則以「就是這樣」回答。在此，石川先生終於理解偵訊人員要他回答的內容。

上述對話的最後，在六月二十五日的偵查筆錄則將至此的自白加以整合成「我將Y女搬運到洞穴前，就想把屍體埋在土裡不讓其他人發現。是在殺害Y女後到傍晚一直想著要怎麼辦的時候想到的」，並與「因此，我那時候去找繩子，為了要將Y女以繩子綑綁並丟至洞穴，為了之後取出時拉繩子就可以拉上來，所以就去找尋將Y女吊下所需的繩索」之自白連貫。

在殺害後、恐嚇信送達之前，最後決定屍體要埋在農業道路而想要暫時藏在芋頭洞穴中，所以就在附近找尋繩索，然後將屍體的腳踝加以綑綁並接起長繩進行倒吊。這樣不尋常的犯罪概要的背後，如同現在從錄音帶中所得知，有必要從偵訊人員進行主導並將自白與事實反覆加以整合的過程來了解。由該過程觀之，的確石川先生會想著自己是犯人，而配合事實進行調整，但因為犯罪過程並未在腦中清楚描繪，因此可以看出石川先生說出的話很難整合這件事。這沒辦法說是體驗過事實之人，基於自己的體驗記憶而加以說出的陳述。

石川先生的自白過程，是先被給予事後「事實」，石川先生再基於想像陳述，最後由偵訊人員加以檢視。或者是偵訊人員基於想像後，由石川先生進行確認。以這樣的形式，只能說是未經犯罪體驗的雙方，以事後「事實」逆向製造出的犯罪概要。也就是說，這是未體驗事實者的逆向推論所製造的產物。此外，不僅是上述內容可以顯示逆向推論的痕跡，該痕跡在錄音帶的其他各處也都顯而易見（詳細內容請參見拙作《虛偽自白是這樣被作出來的》〔虛偽自白はこうしてつくられる〕，現代人文社，二〇一四）。

◆5、修補「不合理的自白」使其合理

現場住宅的出入——內側出入口問題

清水事件的狀況也如同第三節所提及，袴田先生落入自白後，配合偵訊人員的追問，對於案發後留下來的「事實」一一加以確認，並以概要的形式加以呈現。雖然袴田先生想要站在現實上有具體體驗的立場加以陳述，但在陳述當場卻又卡住。其中，內側出入口相關陳述即為一例。

案發當晚，袴田先生在味噌工廠二樓自己的房間內睡覺這件事情，已被同事們確認。

因此，若袴田先生深夜侵入H住處現場的話，沿著鐵路由內側出入口進入會較為自然。也有可能考慮繞到H住處的前門、從該處侵入，但前門有鐵捲門，晚上會降下，且一般來說會上鎖。縱使未上鎖，也不可能在深夜打開鐵捲門，並在鐵捲門發出咔啦咔啦的聲響時進去。實際上，在袴田先生的自白中，侵入H住宅的路徑是爬上內側出入口旁的樹木，沿著屋頂下到中庭後進入屋內。接著袴田先生在H住處內物色財物時被H發現，與H在內側出入口前打鬥而刺殺H。又接連刺殺H的老婆、M、F之後，

想要先從內側出入口離開，但想到要搬運汽油，所以又再從內側出入口進入，依序往專務董事等四人的屍體上潑灑汽油，隨後點火，最後再從內側出入口回到工廠。上述內容可以在先前所引用的，落入自白之九月六日當天的偵訊錄音帶中加以確認（見頁一四九－一五〇）。

但依照火災發生時趕來滅火的消防隊員的說詞，該內側出入口是被緊緊上鎖的。在之前所述的錄音帶內容中則是：袴田先生將四人殺害後，「踢破內側出入口的門而離開」，不過這個說法無法解釋現場狀況。當然，偵訊人員應該也有注意到這點。

負責偵訊這個部分的I刑警，不知為何並未針對這一點進行追問，但其大概聽取了整體犯罪流程、接著走出偵訊室後，一同進行偵訊的M刑警針對下列事項向袴田先生提出了質疑。

M刑警：喔？現實上並不是這樣。火災的，那個火災，嗯，最早發現的時候，如同你所說的。那麼，踢破內側出入口的門時，[redacted]，雖然你說了「跑出去」，但那個時候，那個出入口，是這樣牢牢關著的，對吧？消防隊為了進入火場，所以動用了兩、三個人才打開。對吧？從這邊可以知道，你離開的時候，雖然你是這樣說的，但你放火後並不是從內側出入口離開的吧。對吧？

袴田：是內側。

M刑警：嗯？

袴田：是內側。

M刑警：不是內側啊。[redacted]、消防隊的人說了，那個出入口，是被牢牢關起來的，無法打開。不是有門閂嗎？那個比較寬的門和小的門上面有門閂。因為門閂有上鎖，我跟你說，消防人員說門沒開，在火災時大家搞很久才打開。你說你是從那邊出來的，那，你是從內側，你，在被害人都死了之後，難道不是你把門閂鎖上的？是這樣的吧？啊？這樣說的話，你在放火後離開的時候，是從其他的地方，你是從廚房的屋頂離開的，不是嗎？

袴田：不是[redacted]。

M刑警：縱使如此，這樣子，不合理吧？

該內側出入口，不僅做為H從工廠到住處的聯繫道路，也是住在工廠的員工到專務住處內食堂用餐的內側通道，對袴田先生而言也是日常出入所使用的門。夜裡當然會牢牢上鎖。實際上案發當晚，門也是從內側上鎖，消防隊員也說出了「弄出很大聲響……才打開」。

內側出入口如圖七，非常堅固。左右雙門對開，左邊門約為右邊門的一半大小，上下均有門鎖，中間有門閂。因為這個門閂已經被燒掉，無法確認案發時的狀態到底是門上或未門上，但至少上方的門鎖有好好鎖上。雖說如此，但門鎖座部分於凹槽卡上的狀態下，因火災而掉落在距離門兩公尺處的灰燼上，因此被認為是發生火災後用強大外力加以壓開，而脫離門的結果。另一方面，下面的門鎖是附在門上，凹槽部分已經無法找到。若由這樣的狀態觀之，姑且不論下方門鎖部分，可據此認為上方的門鎖是鎖住的狀態，等消防隊員破門後才從門扇被扯飛而脫落。也就是說，至少到案發前，內側出入口上部的門鎖有上

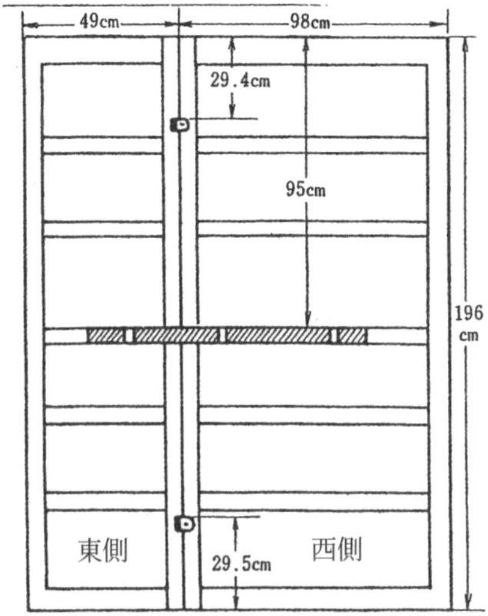

圖七　內側出入口圖
（擷取自《以自白證明無辜》）

鎖，門閂也鎖上的可能性非常高。要在這樣的狀態下「踢破」內側出入口而離開，實際上是不可能的。正因如此，M刑警則以「這樣子，不合理吧？」進行追問。

修補「不合理的自白」使其合理

對於M刑警的疑問，袴田先生完全無法回答，只能一直重複「很專注地弄就把它弄掉了」或「壓某個地方，就『碰』地一聲打開了」等答案。只是M刑警看著袴田先生這樣怪異的自白，並沒有認為袴田先生也許是無辜的，始終以袴田先生一定是犯人為前提進行質問。

不只是這樣，在該次詢問三天後的九月九日I刑警的偵訊中，這個部分變成「移動門閂，拉開門扇下方的鎖，從門扇下方推開，從這個地方進出」，接著在Y檢察官的偵訊筆錄中也繼續如此記載。

像這樣的具體描述，和「踢破」這種含糊的說法不同，乍看之下似乎更為可信。但仔細想想，這樣的陳述本身仍有不自然之處。想要打開內側出入口而移動門閂，並將下部的門鎖打開，若知道這樣也還是打不開的話，應該會注意到上部還有門鎖，依照常理應該要打開上部的門鎖，但卻不這樣做而是保持上部門鎖鎖上的狀態，強行將下部推開，而且還不只一次，是連續做了三次。

奇怪的地方不只有這裡。偵查人員依照九月九日檢訊筆錄中的自白，於九月十五日進行現場查證，以確認是否得以出入，為了確認在上部門鎖鎖上的狀態下是否能強行推開下部讓人進出這一點，檢訊筆錄中附上了圖八的照片。

首先，像照片這樣的出入方式本身是非常不自然的。此外，這張照片上的門鎖部分沒有入鏡。辯護團由這個門的打開方式，對照片沒有照到的上部到底是怎樣的狀態進行確認，而得出只能認為門鎖呈現脫落狀態的結論。當時辯護團使用與現場內側出入口同一材質、完全相同的模型進行實驗，若想要通過門而壓門的下部，上方的門鎖一定會被扯落。簡言之，要像九月九日檢訊筆錄中的自白那樣穿過內側出入口，在物理上是不可能的事情。

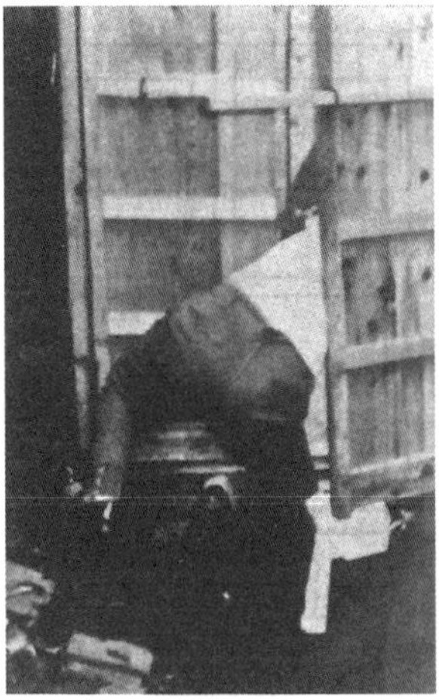

圖八　查證內側出入口通行狀況（袴田辯護團提供）

在門閂與門鎖鎖上的內側出入口，單以「踢破」通過，這是不合理的。而且這個「不合理」發生的進出行為，縱使把門鎖狀態在腦海具體化，「像是合理」般描繪出來，但不可能就是不可能。面對做出「不合理的自白」的袴田先生，檢警卻不考慮其為無辜的可能性，而是修補自白，使其看起來「像是合理的」，這種聽取自白的方式不應被允許。

想要變成犯人，但果然還是「說不出來」

袴田先生在歷經十九天嚴厲偵訊下最後落入自白，並承認將H住處的一家四口殺害，潑灑汽油放火等本件犯罪全部都是自己所為。如果這是真凶的自白，依照該自白所述，應該要能夠對於做為事件結果所留存的諸多事後「事實」，以合乎常理的方式理解。但全面落入自白的袴田先生，卻幾乎無法那樣進行合乎常理的敘述。

剛提及的內側出入口問題也是，把袴田先生當作犯人，認為他想要在深夜侵入犯罪現場H住處，從當時H住處外側與內側出入口的狀況來看，而決定由內側出入口侵入。關於這點，縱使一開始由內側出入口上到屋頂內側、再下到中庭侵入，犯罪後也只能通過內側出入口，若依照自白的話，應該至少通過三次。因此「踢破而通過」，或是在上方門鎖被鎖住的狀態下「從下方強行突破通過」，這都是無視現實、不自然的自白。只能說是因為逆向推論而造成的不自然。

這只是一個例子。隨著日期變更的犯罪動機、被認定為凶器的雕刻刀的入手方法、出入犯罪現場的方法、從殺害四人到放火的犯罪流程、奪取金錢的方法，以上都有著「超越常理的不自然」，每當發現沒道理的狀況時，就適時地「配合常理」。連犯罪時的衣著，在審理進行中出現的「五件衣物」，檢方也都不得不進行修正，由這樣的自白過程中可以看到，被認為是真凶的袴田先生最初因「記憶有誤」而進行修正，或者一開始因為某些理由而「說謊」，但後來因為偵訊人員的追問而修正，這點全都無法說明。

袴田先生自白過程中所有的不自然，是從睡衣上的血跡這個有問題的證據，使無辜的袴田先生落入虛偽自白開始的。而後並未親身體驗本件犯罪的袴田先生，被偵訊人員就事後「事實」一一追問，最後不得不以站在體驗者的立場，在偵訊時把想到的東西回答出來。正因如此，每次遇到有不合常理的狀況出現時，就會被追問而修正，然後自白會一再變更。但是法院也只有擷取出自白過程的最終結果，認為該部分與事件後所留下的「事實」大致合致，完全無視自白過程中的問題。

由做為事件結果所留存下來的「事實」逆向建構而成的最終自白摘要，只因為與成為該出發點的事後「事實」一致，就被認為可以證明犯罪，很明顯是套套邏輯。現在我們不得不重新認識到，沒有看穿這是一個套套邏輯與判決決定性瑕疵，袴田先生卻因此成為被判有罪確定的死刑犯，這件事情本身是不合理的。

◆6、現場查證時猜中的「正確答案」——日野町事件

足利事件中「留下唯一的謎」

足利事件中菅家先生犯罪概要的自白中，自然也有不自然與不合理之處。但因為附著於被害兒童衣服上的精液DNA型別與菅家先生一致這個「決定性的證據」，該自白的可疑性在審判中幾乎被無視。

但在菅家先生主張無罪的上訴審中，新委任的辯護人不僅指出當時DNA鑑定上的問題，同時也確切指出該自白中的幾個問題，並且追問「為什麼辯護人、檢察官、法官沒有辦法發現他的無辜呢？」（見前述的佐藤博史、菅家利和著，《訊問の罠》）。其中有一個令人感到不可思議的問題，那就是為什麼無辜的菅家先生既然不是本案的體驗者（不是真凶），卻能夠正確指出丟棄被害女童衣服之處？也就是為什麼在現場還原犯罪經過時，菅家先生指出的地點，會與殘留的「事實」一致？

實際上，雖然菅家先生於第一審審判期日至審判終結時，幾乎一貫地維持自白，但在這期間有兩次曾一度撤回自白。其中一次是在為了確認其他兩案的審判中，M檢察官於看守所中進行訊問時發生的事。該訊問的錄音帶於日後再審階段被開示（關於該自白的撤回，請參照第四章）。錄音帶中，錄下了M檢察官對於撤回自白的菅家先生，提出其在犯罪現場還原犯罪經過時正確指出丟棄衣服場所此一事實，並進行追問的場景。

M檢察官：關於丟棄真實小妹妹衣服的狀況，你說明過了對吧？

菅家：對。

M檢察官：一開始附近的狀況有點變化對吧？

菅家：對。

M檢察官：雖然你之前說不太清楚，所以說了不一樣的地方，但之後又告訴我們屍體在這邊，對吧。

菅家：對。

M檢察官：那個，那麼，你有說過丟棄衣服的場所是這邊對吧？

菅家：對。

M檢察官：關於你所說的地點，不是別人告訴你的吧？

菅家：嗯，不是。

M檢察官：那個地點，是你告訴我們屍體在那邊，你只告訴我們這些對吧。

菅家：對。

M檢察官：那麼，至於是哪裡，啊，那麼你丟棄衣服的地方是這邊對吧？

菅家：對。

M檢察官：有說明過了對吧。因為我在旁邊所以也有聽到。

菅家：對。

M檢察官：那麼，你所說的場所，真實小妹妹的內衣就是在那下游發現的。那麼詳細的位置應該沒有公開在報紙上。

菅家：我，那個，從河堤往下，從那邊一直前進，有個斜坡。

M檢察官：嗯。

菅家：有個斜坡，在那邊，我想左邊的確有樹木。

M檢察官：嗯。

菅家：有草啊、樹啊什麼的。
M檢察官：嗯。
菅家：下面的話，怎麼說呢，就是有種好像會掉下去的感覺。
M檢察官：嗯。
菅家：總之我就試著朝那個方向說了。
M檢察官：總之試著說了，是指用猜的嗎？
菅家：因為我完全不知道啊。
M檢察官：不知道，喂，你所說出的內容與實際的事實沒有出入，是因為你是亂猜的嗎？
菅家：就是完全不知道啊。
M檢察官：不是啊，所以說，你說你不知道，你說的都是用猜的嗎？
菅家：對。我覺得大概就在那邊。

M檢察官為了進行現場查證而與菅家先生一起到犯罪現場，想確認棄置屍體及丟棄脫掉的衣服的地方，但因為現場狀況已經改變，所以也無法分辨出棄置屍體的場所為何處，需要由在現場的偵查人員告知。在這之後，關於丟棄真實小妹妹衣服的場所，雖然「沒有從其他人那邊得知」，菅家先生卻能正確指出位置。曾經到過現場的M檢察官想追問的點，在於「既然報紙沒有報導那麼詳細的位置」，那可以正確指出位置的菅家先生不就是犯人了嗎？然而，菅家先生卻回答他「完全不知道」，「認為大概就在那邊」而指向那個地方。對此，M檢察官就追問「是用猜的嗎？」並以「如果不是犯人，怎麼能在那麼廣闊的河床上指出正確位置呢」來逼問菅家先生。

「聰明漢斯」效果

菅家先生能夠正確指出丟棄真實小妹妹衣服之處的這個事實，看起來很不可思議。但若仔細檢視現場查證的狀況，實際上並不是什麼不可思議的事情。問題在於心理學上著名的「聰明漢斯」效果。

一八九一年，距今超過一百二十年的德國柏林有匹聰明的馬因為會算數而馳名。馬的名字叫漢斯。對於飼主出的計算問題，漢斯會以蹄踢地板的次數回答正確答案。因為懷疑是否有使用些伎倆，當時有名的心理學家就前去調查。調查後認為沒有使用任何手段，漢斯是匹真的會計算的聰明馬，因此變得更加有名。

例如觀眾中有一人對漢斯出了「12+9」這個算術題目，之後漢斯在出題者、飼主與觀眾面前以蹄踢地板，踢了二十一下就停止。牠答出了正確答案。看到這一幕的人都會說「好厲害」並拍手喝采。當然，飼主也沒有給任何的暗號——證據是就算飼主不在，漢斯也可以答出正確答案。

這個謎題在一九〇七年被解開（見奧斯卡・馮斯特〔Oskar Pfungst〕，《為什麼馬會「計算」?》，現代人文社，二〇〇七）。經過心理學家馮斯特再度調查後，發現在對漢斯出題時，實際上包含飼主在內，所有觀眾都屏氣凝神地關注著漢斯是否能回答出正確答案。由於看著漢斯的人們都知道「正確答案」，因此當漢斯對上述的問題踢了二十一下時，觀眾就會無意識地微微晃動身體。漢斯看到觀眾這種細微的動作，就會將其做為停止蹬地的暗示而停下。

若理解其背後的機制，就會發現極為單純。聰明漢斯現象的謎底，其實就是因為看的人都知道正確解答，在無意識下將解答以肢體語言加以表現，而將正確解答告訴了漢斯。實際上，若提出在場觀眾均不知道「解答」的問題，漢斯就無法回答。

菅家先生雖然不知道真實小妹妹的衣服被丟在哪裡，卻可以正確說出來，正是因「聰明漢斯」效果而得的結果。

無辜之人為何能正確指出只有犯人才知道的地點

實際上，菅家先生雖然正確猜中真實小妹妹衣服被丟棄的場所，但他的自白卻完全無法說明這種獨特的丟棄方式。真實小妹妹的衣服是以短裙做為包巾，將短袖內衣與左腳涼鞋、雙層底褲塞入裝在一起，在這樣的狀態下加以丟棄，而菅家先生於自白中說只有用短裙將短袖內衣與內褲包在一起丟棄。此外，內褲與短裙中塞有許多雜草，菅家先生卻完全沒有提及此事。再者，在現場進行還原犯罪經過之偵查時，只有丟棄衣服的位置被正確地指出。雖然能夠透過「聰明漢斯」效果而大致說中丟棄衣服的位置，但卻無法正確地指出丟棄方式的具體內容，因為菅家先生並非親身體驗者，無法想像具體情形。這個矛盾的存在是有意義的。

關於真實小妹妹衣服被丟棄的場所，在現場還原犯罪經過的偵查人員，包含M檢察官，全都知道。唯一不知道的，只有被帶到現場的菅家先生。但菅家先生既然已經做為犯人進行自白，在此也只能「扮演犯人」了。另一方面，現場的偵查人員都認為菅家先生「就是犯人」，對於菅家先生是否能夠正確指出丟棄真實小妹妹衣服的場所，都屏氣凝神地關注著。在這樣的背景下，不知道正確答案的菅家先生僅是「用猜的」

將答案說出，但如果偵查人員看見這個情況後，想要指出那不是正確解答的話，就會不由自主地露出「是這樣嗎？」的表情，表現出十分驚訝的態度或是發出聲音。當然偵查人員並沒有想要「告訴」菅家先生，不過菅家先生卻由偵查人員的言詞、表情、動作等進行觀察，而感受到那是不是「正確解答」。於是，雖然菅家先生本人只是在「亂猜」，結果得出了「正確解答」，但偵查人員看到這種狀況後，就更會認為果然菅家先生就是犯人，所以他才能給出正確的答案，從而確認他們的有罪心證。在這場查證中，正是發生了「聰明漢斯」效果。

逆向建構的極致

仔細想想，在還原犯罪經過的偵查中，猜中只有犯人才知道的場所這件事情，可以說正是逆向建構的極致。並未實際體驗犯罪的無辜者，從落入自白而只能自己扮演犯人的時候開始，他必須要做的事情是，面對調查人員依偵查結果所知的「事實」，繃緊神經，並猜中該事實。在此，若不知道其中有「聰明漢斯」效果在作用的話，就會擅自認定這就是他身為真凶的證據。實際上，在還原犯罪經過的偵查中，有些案件也和足利事件一樣，在「聰明漢斯」效果作用下，形成認定被告有罪的心證。那就是日野町事件。

日野町事件發生在一九八四年十二月二十九日的早晨，滋賀縣日野町一家酒鋪中，前往上班的店員找不到女店主H而引起注意，而後，隔年的一月十八日，在町內的住宅區新設之土地上發現了H的屍體。雖然已經確定是殺人事件，但偵查方向仍未確定，難以鎖定嫌疑犯。說到底，連犯罪現場在哪、犯罪是在何時發生的，都無法確認。

偵查遲無進展而幾經波折，事件發生後超過三年，住在附近的阪原弘先生遭到逮捕。阪原先生因嗜酒成性，經常出入該酒鋪，並在店內喝酒、買酒。當地將這樣的客人稱為「壺中客」，而阪原先生正是其中之一。

一九八八年三月九日，阪原先生以任意同行至偵查機關接受偵訊，接受偵訊第三天時阪原先生就自白了。雖然阪原先生之後曾暫時回到其住所，但隔天又再度自白而被逮捕。從那之後，阪原先生便在遭逮捕的狀況下進行偵訊，犯罪概要內容也被具體記載而累積成偵訊筆錄，後於四月二日被起訴。

縱使自白內容不自然，但「已經自白」這件事情本身就很有分量

若依照阪原先生的自白，被認定為案發時間的一九八四年十二月二十八日晚間八點左右，他前往酒鋪，看到H坐在手提保險箱旁邊記帳。阪原先生點了酒在店內喝的時候，一時起了歹念想要殺害H以搶奪財物，便繞到H背後，雙手勒住H的脖子將之殺害。之後他開著自己的輕型卡車，將屍體載至數公里遠的住宅區新設之土地棄置，接著回到酒鋪偷走手提保險箱，等到隔天天亮時再走出店門口，前往附近的石原山，在山上撬開手提保險箱拿走現金，將保險箱留在現場後離開。

上述阪原先生的自白中，的確具體說明了犯罪概要。但自白中卻有很多問題。若依照自白，殺害H的現場是在酒鋪內，但這一點卻沒有任何證據支持。殺害的時間點，雖然被認為是H行蹤不明的十二月二十八日晚間八點四十分左右，但也沒有任何證據可以證明。縱然取得了阪原先生殺害H後以自己的輕型卡車運送屍體的自白，但依該自白，並沒有用類似帆布的東西掩蓋屍體，而是將屍體直接放置在卡車上，並在晚間九點左右駛於該地區人潮眾多的道路上。此外，途中有警察局，載著屍體的輕型卡車就直接經過警察局前，這件事偏離了常理。

阪原先生的自白有如同上述的很多疑問，在第一審審理終結時，若沒有其他物證，一般來說會認為必須下無罪判決。但在該階段檢察官變更訴因，將案發現場從酒鋪店內改為「店內或是日野町內或其周邊」，犯罪時間由十二月二十八日晚間八點四十分變更為「晚間八點至隔天上午八點三十分」。檢察官自己似乎也知道當初起訴狀所記載的訴因無法使法院下有罪判決。大津地方法院接受檢察官變更訴因，一九九五年六月三十日，阪原先生認罪，最後遭判處無期徒刑。這是非常例外的情形。第一審判決後，有報導指稱檢察官的訴因是依據法官的暗示，雖然法院對此無任何評論，但檢察官承認了該則報導的真實性。如果這件事是真的，那真是恐怖至極。

大阪高等法院受理阪原先生的上訴，並作成判決。判決中以：雖然阪原先生的自白有很多問題，但以「其重要的基礎部分十分可信」為由，於一九九七年五月三十日駁回辯方的上訴，最高法院也在二〇〇〇年九月二十七日駁回上訴，無期徒刑因此確定，之後的再審請求也被駁回。法院認為，即使阪原先生的自白內容充斥著各種問題，但認為他已經自白這件事本身就具有重要性。

確立有罪心證的偵查：現場還原犯罪經過

阪原先生的自白內容中充斥許多問題，且沒有任何決定性證據證明其有罪。儘管如此，法院之所以會對阪原先生產生決定性有罪心證，推測是阪原先生在現場進行還原犯罪經過的結果（表四）。

表四　日野町事件　偵查經過

1984.12.28	H行蹤不明
1985.1.18	發現H屍體
4.28	在石原山發現H酒鋪的保險箱
9.17	自願前往接受偵訊（否認）
1988.3.9	自願前往接受偵訊（否認）
3.10	自願前往接受偵訊（否認）
3.11	自願前往接受偵訊（從否認到落入自白）
3.12	自願前往接受偵訊後自白→晚間8點逮捕
3.13～	包含多次變更，並累積成為自白
3.21	於遺棄保險箱之場所進行犯罪經過的還原 包含多次變更，並累積成為自白
3.29	於遺棄屍體之場所進行犯罪經過的還原
4.2	起訴 並未撤回自白，但慢慢轉為否認
5.17	法院審理開始 於第一次審理期日時明確否認

阪原先生說出自白內容後，偵查人員依阪原先生的自白進行了兩次還原犯罪經過的偵查。第一次在阪原先生被逮捕九天後的三月二十一日，於被害人H的酒鋪中被拿走的保險箱之丟棄處進行，第二次則是在八天後的三月二十九日，於H的棄屍地點進行。阪原先生在這兩次還原犯罪經過的過程中都是親自帶路，並指示出正確的場所。

其中，棄屍地點是距離町內有一段距離的住宅區新設之土地，並沒有什麼特別之處，媒體也有報導是在該處發現屍體，當地居民均知情。因此，阪原先生能夠正確帶路，這件事情本身無法推斷其為真凶。但手提保險箱是在平常人煙稀少的山中，案件發生四個月後才被偶爾到山中摘採山菜的婦人發現。就算是由報章中得知地點為「石原山」，或者知道附近有「高壓電塔」，如果只有這些資訊，很難正確指出「就是這裡」並進行帶路、引導到該位置。這樣特殊的位置是由阪原先生親自帶路指出來的。乍看之下，似乎若不是實際將保險箱丟棄於此的人就不可能做到。事實上，參與現場還原犯罪經過之偵查的O檢察官，於法庭上陳述：就是因為這點而確信阪原先生是犯人。

偵查人員沒想到的路徑

第一審判決中，除了以O檢察官的法庭證詞為依據外，法院也認定了在逮捕阪原先生以前，O檢察官有下述的認知。在此我們對照現場的地圖（圖九）來進行說明。

一九八八年三月上旬，O檢察官接受想要逮捕被告的警方的會談，在仔細閱讀本案卷宗的同時，也實際去看了H的店鋪、發現屍體的場所與發現手提保險箱的地點。在這個過程中，O檢察官發現在這些地點裡，手提保險箱的地點是最難以確定的，因此帶著此處只有犯人才能夠確定的想法，特別關注被告是否能夠自發性地引導至前述地點。（作者注：從圖九中ウ點處順著斜坡往下的X點處）。……（中略）……被告被逮捕之前，警方認為，要抵達發現手提保險箱的地點有兩條路徑，第一條是經過福本蘋果園（作者注：圖九中經由ア、カ、オ、エ、ウ地點的道路），另一條則是由縣道石原八日市線（俗稱野出道），走進山間荒徑，向東邊前進的道路（作者注：由圖九的イ地點進入山路，通過高壓電塔下方，抵達ウ處）。後者需要徒步通過山林，前者則是開車就能抵達現場附近，因此警方認為，犯人選擇第一條路徑的可能性很高。

　　但阪原先生在自白後被逮捕，於移送檢察署的三月十三日接受了O檢察官的訊問。那時候，關於在山裡破壞保險箱的路

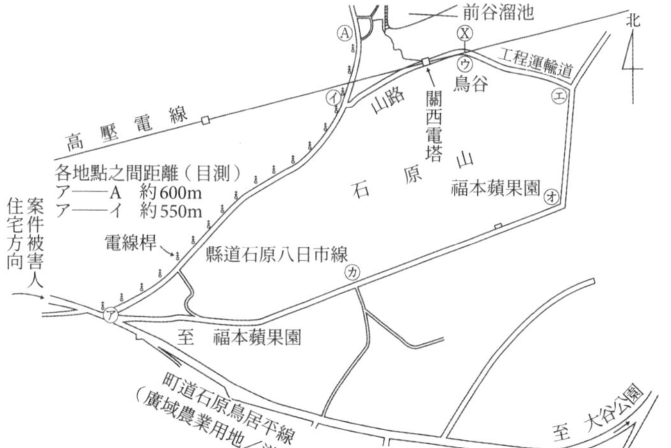

圖九　丟棄保險箱現場的地圖（摘錄自《「自白」是被作出來的》）

徑，阪原先生在自白中說他是在縣道石原八日市線「途中停下車輛，行經道路及田埂，上山後將保險箱打開」這個不在預想中的路線。因此O檢察官認為，阪原先生「對其說明的道路到底是否真正存在這件事抱持著不安」。

這個手提保險箱的犯罪經過是在三月二十一日進行現場還原而得的。當時包含O檢察官在內的偵查主任與搜查官共七人同行。O檢察官對搜查官說「不要誘導，注意不要走在被告前面」。因此，之後在十分注意不要有誘導行為的狀況下進行了現場還原犯罪經過。阪原先生被載著，從被害人住處開始帶路，經由圖ア的地方進入縣道石原八日市線，在看得見高壓電塔的A地點停車，行經道路及田埂，往前谷溜池邊，從該處走到高壓電塔附近的雜木林中，登上圖中以細線所繪沒有道路的路徑，並由高壓電塔下方離開，再從此處走工程車輛用道路到ウ地點，並正確指出保險箱發現地X。上開場景，判決中以下述內容呈現。

被告並未特別在二十一號高壓電塔附近猶豫不決，冷靜地指示路徑，並從高壓電塔走到維修道路向東前進一會的地點（距離高壓電塔大約五十九．六公尺的地點）停下，環顧四周後，走下北方的陡斜下坡，指出松樹根部後說「我就在這邊破壞保險箱然後丟掉」。

M員警雖然對被告說「真的是這邊嗎？也可以再看看其他地方，仔細想想」，但被告並未變更指示的地點。前述的場所正是保險箱被發現的地方。

看到現場還原犯罪經過狀況的O檢察官，產生了被告一定是本案犯人的心證。

第一審就這樣認定了「被告未經其他任何人告知，但對於發現保險箱的地點有正確認知」，與O檢察官同樣抱有強烈的有罪心證。

法官的「誘導」觀

確實，如果阪原先生在現場還原犯罪經過時完全沒有受到任何誘導，而是自發性地領路而指出發現保險箱地點的話，這會是顯示出其為本案犯人的重要證據。但問題在於搜查官真的都沒有給予任何「誘導」嗎？關於這點，第一審判決中將阪原先生在審理程序的供述整理如下：

前往保險箱發現現場的前日（或者是當日），K刑警雖說了「有高壓電塔嗎？

有池子嗎？」但沒有給我看地圖。還原犯罪經過當日，我坐在車內找尋高壓電塔，因為看到高壓電線，所以我就指示停車。我一邊看著高壓電塔，一邊猜想著沿著田埂與山崖邊向上走。走到高壓電塔下，然後在高壓電線下向東步行的話，道路左側的雜草被除得很乾淨，因為左方可以看到蓄水池，便從那裡斜方走下斜坡，並指了那附近的地方。警察對我說「是哪邊？不是這邊吧？」等誤導的言語。那個警察在我背後，所以看不到他的臉。

若僅看到這樣的主張，即使偵查人員曾說出可以看到石原山的「高壓電塔」與「蓄水池」，或者是現場雜草被除得很乾淨等這類提示，也不會說偵查方有給予積極的誘導。因此判決認定：如果這是誘導的結果，「看起來不太自然」。其內容如下：

如果認為是警察等為了要指示被告正確的場所而給予的一些暗示的話，並不會以迂迴方式給予「高壓電塔」與「蓄水池」等暗示，或是在抵達發現保險箱的地點時要往下走的入口處，做一些特別的如除草之類的麻煩事，而是由進行現場還原犯罪經過的偵查人員向被告指示行進方向即足矣，這樣的方式會更為確實。

在此，明顯呈現出法官設想的「誘導」觀。「如果認為是警察等為了要指示被告正確的場所而給予的一些暗示的話」、不會「以迂迴方式給予暗示」，而是直接「指示足矣」。這樣露骨的「誘導」，在本件現場還原犯罪經過的偵查當然沒有出現。儘管如此，阪原先生仍準確地猜中丟棄保險箱的地點。

但是，法官並沒有意識到，在無辜者的虛偽自白中所發生的真正「誘導」，並非如此單純。法官在此所設想的「誘導」，只有偵查人員「蓄意誘導」。但現實中的偵訊或現場還原犯罪經過的偵查中，引發問題的是「無意識的誘導」，也就是前述足利事件現場還原犯罪經過的例子中，所提到的「聰明漢斯」效果。

無辜之人可以正確指出現場的原因

在此，我們再次以阪原先生是無辜的做為前提，站在阪原先生的立場來看這件事。

在現場還原犯罪經過的偵查中，偵查人員原先預想了兩條抵達本案保險箱棄置地點的路線，但阪原先生都沒有說出來，而是沿著完全出乎偵查人員意料之外的路線進行帶路。畢竟從阪原先生的角度來看，他完全不知道偵查人員預想的兩條路線為何。以此為前提，阪原先生在偵訊時聽聞手提保險箱被發現的地點是在「石原山」的「高壓電塔」附近。若以此做為線索思考，第三條路徑自然就出現了。

「石原山」山腳下有一條寬廣的柏油路，是阪原先生時常駕駛輕型卡車經過的道路，他對這條路十分熟悉。要進行現場還原犯罪經過的阪原先生坐在車上，首先他在車子開到可以看到「高壓電塔」位置的地方下了車，之後再以「高壓電塔」為目的地，沿著未鋪設過的道路前進，穿過灌木叢到達高壓電塔附近。不知道路的阪原先生，以在訊問時聽到的「石原山」的「高壓電線的電塔」附近這件事為線索，而前往現場的話，自然而然地就會依照上述路線前進。

到了高壓電塔後，在通過那裡的工程用車道後再步行數十公尺處，從該道路走下斜坡的地點就是「正確解答」。雖然沒有人直接告知，但參與現場偵查的偵查人員都知道那個「正確解答」。縱使偵查人員為了避免造成誘導而跟隨在阪原先生後方，但因為進行現場查證，所以必須對各地點進行照相和錄影，在那個時候偵查人員也會站在阪原先生前面。此外，為了要確認本件事實，應該也會有圍繞著阪原先生的狀況。原先不知道「正確解答」的阪原先生，不知道哪個方向是「前面」，只能一邊看著偵查人員的舉止與表情，一邊瞎猜前進。在此同時，知道「正確解答」的偵查人員，會注視著阪原先生的一舉一動，看其最終是否會達到「正確解答」。另一方面，只能「扮演犯人」的阪原先生，也處於無論如何都要到達「正確解答」的立場。若落入這個框架中的話，就算偵查人員沒有想要告訴阪原先生「正確解答」，事實上，也會將無辜的人引導至「正確解答」。我們已經從足利事件中菅家先生猜中真實小妹妹衣服被丟棄的場所這個例子，知道了這個令人顫慄的現實。

O檢察官在法庭中證述，他一邊跟著阪原先生從石原山山腳下踏入樹叢，朝著高壓電塔前進，一邊抱持著「真的可以沿著這種未鋪設過的道路行走嗎？」這樣的想法。後來阪原先生成功地到達發現被丟棄的保險箱的場所，並在那裡指出確切地點時，O檢察官便確信阪原先生就是這個事件的真凶。

的確，若不知道這可能是「聰明漢斯」效應所造成的，就會認為這正是「祕密的暴露」。而法官也不知道「聰明漢斯」的效應。因為他們認為有只有「蓄意誘導」才是「誘導」，所以在這種沒有「蓄意誘導」卻能指出正確地點的時候，就會被認為是有罪的決定性證據。

順帶一提，在丟棄保險箱現場還原犯罪經過的八天後，進行了針對H屍體遺棄場所還原犯罪經過的偵查。如同前述，這次也是阪原先生親自導引，指出正確的場所，但由於棄屍地點不若丟棄保險箱地點那樣特殊，更容易發生「聰明漢斯」效應，因此也不能因為有正確指路，就將其當作有罪的證據。

法院認為在還原犯罪經過的偵查中，正確指出丟棄保險箱的地點該當於祕密的暴露，而做為有罪的決定性證據。但若考慮「聰明漢斯」效應，無辜的人也很有可能正確指出該地點。

這個可以說是順向的犯罪流程嗎？

至此為止的內容，只是指出了有發生「聰明漢斯」效應的可能性。接下來應該討論的問題是，阪原先生在還原犯罪經過的偵查中，正確指出了遺棄被害人屍體的地點以及丟棄手提保險箱的地點，阪原先生就此所為的自白，究竟能否理解為順向的犯罪流程呢？

在這個事件中，被害人屍體在住宅區新設之土地被發現，而殺害現場中的手提保險箱則在被撬開的狀態下，被丟棄至石原山高壓電塔附近。這兩者均是已經釐清的案件結果，是事後的「事實」。若阪原先生是真正的犯人，既然已經自白，就應該能說明這是自己順向行動的結果。但阪原先生在此所為的自白內容很難被理解為是順向的過程。

在阪原先生的自白中，他在酒鋪內殺害H後，首先將屍體丟棄至住宅區新設之土地。屍體在該處被發現後，阪原先生的自白也不得不和該狀況一致。那麼，若阪原先生是真凶，可否將在這裡所說的丟棄屍體行為理解為順向的行為呢？

如果僅依照阪原先生的自白，沒有任何人目擊到殺害現場。此外，案發當天夜裡也沒有人目擊到有人進入酒鋪這個犯罪現場。若是如此，犯人殺害H並奪走保險箱後，理所當然會立刻逃離現場吧？在這樣的狀況下，冒著會被發現的風險，特地將屍體搬離現場，放在自己的輕型卡車上，沒有蓋上布遮掩，經過市中心，而且還從警察局前通過，最後搬到很遠的地方，這樣一連串的行為根本沒有一點順向的理由。

案發現場是位於住宅街中，時間大概是在晚間九點，很有可能會有人經過酒店前面的道路。縱使只是從酒店將屍體抱出到店外，都不免會被發現的不安感。我完全看不出來必須克服這種不安感而將屍體丟棄至遠處的順向理由。只是，既然自白了，就不得不說明屍體被遺棄在遠處的事後「事實」。最後僅能以這個逆向的理由來說明遺棄屍體的行動。

沒有在石原山中打開保險箱的順向理由

此外，關於丟棄手提保險箱行動的自白，也清楚留下逆向建構的痕跡。依照阪原先生的自白，他在遺棄H的屍體後，再度回到殺害現場的酒鋪。雖然做為真凶的順向行動，這件事難以理解，但既然在現場的手提保險箱被搬出，後來又在石原山上被發現，就必須說明這件事。依照自白，阪原先生回到犯罪現場的酒鋪，看到保險箱，想要打開卻打不開，如果當場破壞的話又會發出聲響，便想要到附近的山上，在山上將保險箱打開以拿走裡面的財物，所以就在酒鋪待到清晨。但這個理由到底能否以順向的觀點加以理解呢？

最終，若無法當場破壞保險箱，搶走裡面的錢的話，應該會帶著保險箱離開殺害現場，找個沒有人的地方打開就好。由順向的觀點來看，完全沒有必須在犯罪現場待到清晨或是在石原山上打開保險箱的理由。此外，阪原先生並不是很了解那座山。這樣看來，之所以會出現這麼奇妙的犯罪概要，只不過是因為要逆向說明保險箱在石原山上被發現這個事後「事實」。

如果要在日出前登上一片漆黑的石原山

若將這個逆向過程推至極致的話，現場還原犯罪經過後的隔日訊問，關於登上撬開保險箱的石原山的場景，阪原先生回想前一日還原犯罪經過的狀況，並做出下列自白：

（走到石原山山麓）我把車停下，馬上從副駕駛座下面的工作袋中拿出一支鈑金老虎鉗，由道路稍微偏西方向下走，拿著保險箱，穿過田埂走入山中。

這和前一天進行現場還原犯罪經過的阪原先生的行動一致。但現場還原犯罪經過是在天色明亮時進行的，前述的場景是在黎明前天還很暗的時候進行的。若如同自白所述，阪原先生的面前可以看到石原山的漆黑山影，前方有廣大田地。在此，如果阪原先生是奪走保險箱的真凶，並依照上開自白行動的話，他是將保險箱拿下輕型卡車，在黑暗中穿越田間小徑，然後走進一片漆黑的山中。

這是不惜犯下殺人罪所搶來的保險箱。即使想打開保險箱搶走裡頭的財物，也是理所當然的事情，但並沒有非得要在山中打開保險箱的理由。只要在一個不會被其他人發現的地方打開就好，更何況阪原先生是駕駛自己的輕型卡車移動。就算去任何沒有人的地方，然後在車內打開保險箱，除了有一定不會被發現的可能性外，也不會被懷疑。反倒是如果像自白所述，在天還沒亮的一片漆黑中，將輕型卡車停在寬廣的道路中間後走進山裡，一旦被看見，才更加行跡可疑。

在丟棄保險箱的地點進行還原犯罪經過的偵查，是在明亮的白天進行，在現場的

O檢察官看著經由並非預想的路徑到達丟棄保險箱地點的阪原先生，強化了他的有罪心證；可是，如果依照自白的情形，在天亮前、一片漆黑之中與阪原先生同行於該路徑，並還原犯罪現場的話，應該就會發現不管怎麼看都十分詭異。因為這正是不可能順向進行的犯罪概要。

在白天所進行的現場還原犯罪經過中，阪原先生能夠以「石原山」的「高壓電線的電塔」為目標，登上未鋪設過的道路，從那時候開始就是一邊看著同行的偵查人員的表情與動作一邊找路，發現了雜草被割除的現場，並從那裡走下道路，就是丟棄保險箱的現場。由事件後所留下的事後「事實」逆向追蹤，該路徑可說是被逆向「發現」的。但是，在天亮前站在石原山山麓看的話，就能立刻理解到想要在漆黑中走這條路徑上山，從人的順向行動來說是多麼不可思議的事。

這樣看來，前述阪原先生的自白，只能說是由「成為問題的保險箱在石原山上被發現」這個事後的「事實」逆向組合成的。也就是說，該自白本身是想像的產物，反倒可以成為彰顯阪原先生無辜的證據。

◆7、事後製造的「犯罪計畫」——名張事件

名張事件中從自白到死刑確定

逆向建構的首要問題是關於計畫性犯罪的自白。無論在任何狀況下，「計畫」都是由「現在」對現狀的認識，在順向的時間進程中預想「下一步」所組成的，所以是最能清楚表現出時間順向性的行動。在此，做為其中一個經典的案例，我最後將以名張毒葡萄酒事件中的自白問題為例進行討論。

名張事件發生在一九六一年三月二十八日的夜晚。在三重縣與奈良縣交界處的山中小村落內，村民們舉行了集會，在集會後的餐會中男性被招待清酒，女性則被招待葡萄酒。結果喝下葡萄酒的十七位女性中有五人死亡。這是因為葡萄酒中被混入了用來消毒茶園的農藥。由於葡萄酒的製造過程沒有問題，所以無法排除人為計畫性犯罪的可能性。此後，這個事件就被稱為「名張毒葡萄酒事件」。

在此事件中被懷疑是犯人的奧西勝先生，是將有問題的葡萄酒運到會場的人物，事件發生後不久，他就成為了嫌疑犯。奧西先生因為這起事件，失去了妻子以及外遇對象，而村莊裡也流傳著「這個三角關係該不會是這次事件的原因吧」這樣的傳聞。

但除了許多村民早已知道這個三角關係的存在，奧西先生也沒有特別隱藏這個事實。

奧西先生在案件後舉辦妻子的葬禮，並在喪妻的哀痛中接受連日的偵訊。在「該不會是妻子做的？」這樣的猜疑心驅使下，奧西先生無法承受偵訊人員的持續追問，於偵訊開始後第五天，四月二日到三日的深夜間落入自白，而被逮捕。

從那天起的三星期左右，奧西先生具體地說出自白內容，犯罪概要則鉅細靡遺記錄在筆錄中。但在偵訊最終階段其自白內容前後無法對上，四月二十一日暫時撤回自白，之後又再度自白，二十四日後一直保持否認。在沒有稱得上有決定性證據的情況下，檢察官以堆砌村民們的供述等各種情況證據的方式起訴奧西先生。

一九六四年的第一審，津地方法院認為奧西先生的自白中有不合理、不自然之處而否認其信用性，於同年下了無罪判決，奧西先生被釋放。經由檢察官上訴，儘管第二審的名古屋高等法院於一九六九年採用與第一審完全相同的證據，卻肯認自白的信用性，逆轉做出了死刑判決。奧西先生再度被收監。之後死刑判決經最高法院確定。本件名張事件是戰後唯一從第一審無罪逆轉至死刑的案件。

此後，奧西先生一直在獄中主張其無辜。在持續請求再審的過程中，二〇〇五年名古屋高等法院一度決定開始再審，但經檢察官抗告後，隔年二〇〇六年撤銷了開始再審之裁定。儘管在那之後，奧西先生也持續請求再審，但最後於二〇一五年在醫療監獄中病逝，時年八十九歲。在他死後，由其高齡的妹妹接續進行再審請求。

落入自白後的記者會

對一直主張本案是冤案的奧西先生來說，成為其阻礙的，是落入自白後在警方所準備的記者會上自白並且道歉。我們來簡單看一下其過程（表五）。

奧西先生從事件隔天的三月二十九日起，連續五天都自願前往接受偵訊。四月二日深夜落入自白，在天尚未亮時，初次取得有自白的筆錄，該警訊筆錄紀錄日期為四月二日，而奧西先生在隔天的三日凌晨三點多被捕。因此奧西先生被押在拘留室的時候，是在天尚未亮的四點五十分。奧西先生從那時起就只躺了兩個多小時，上午七點被叫起，八點被帶出偵訊室，且進一步被要求要自白犯罪內容。

另一方面，警方在清晨向新聞記者宣布奧西先生已經自白。在上午偵訊後，於中午十二點將奧西先生帶至記者會現場，在偵訊人員的陪同下讓其自白、道歉。偵查人員在逮捕嫌犯後召開記者會，這在現在是難以想像的事情，因為在記者面前自白與道歉，會使大眾深深相信奧西先生是本案的犯人。在此節錄記者會中奧西先生的發言如下。

表五　名張事件　偵訊的經過

1961.3.28	名張事件發生，妻子等五人死亡
3.29	在自家內聽聞案發內容
3.30	偵訊六小時，之後參加妻子的葬禮
3.31	從早上偵訊至深夜
4.1	從早上偵訊至深夜
4.2	從早上偵訊至深夜
4.3	自白筆錄作成後，於凌晨三點多遭逮捕→在拘留室睡了兩小時左右後七點起床，八點開始進行偵訊，十二點與偵訊人員一同進行記者會 之後的自白中包含許多轉變，並持續累積自白內容
4.23	暫時否認，之後再度自白，製作最終的自白筆錄
4.24	轉為否認 起訴

這麼大的案件……因為自己一點的想法，就犯下這麼大的案件……那個，我不知道該如何對喪生的人或因此住院的人道歉，也不知道該怎麼對他們的家人道歉才好，還有，對社會大眾也是，造成這麼大的紛擾不知道怎麼道歉才好……

這個記者會的狀況被廣為報導。由外界觀之，奧西先生會被認為就是這個事件的真凶。實際上，在第七次再審請求時，撤銷開始再審裁定的名古屋高等法院所作裁定（二〇〇六年裁定）中，對此判斷為「這是很逼真的發言，雖然是對非偵訊人員之人的發言，但對於信用性判斷，是重要的事實。」

但那個時候，奧西先生不僅處在喪妻的哀傷中，同時還接受了嚴厲的調查。如果，在那種情況下，暴露在無論說什麼都不會被聽進去的無力感與絕望感之中，因而自白的話，那麼，與在剛才自白時也一直在場的偵訊人員一同出席記者會，奧西先生真的能夠在那種場合上進行否認嗎？無辜者的虛偽自白，並非單純由偵訊人員要求而說出，是在已經進行自白後，自己就只能「扮演犯人」這樣的心境下說出的。如果是這樣，在該自白後，即使被要求出席記者會，並在這樣的場合道歉，也無法以這樣的狀況斷定自白具有真實性。

想要將農藥加進葡萄酒的「計畫」

在此我想點出的問題是，落入自白後，奧西先生就本案「計畫與準備」進行陳述的自白內容。先前名古屋高等法院於二〇〇六年所做的裁定最後，特地附上了奧西先生第一次自白的四月二日警訊筆錄。在裁判中附上自白筆錄是特例，可見法院多麼重視這份自白筆錄。但若是真凶的自白，其中應該會說出偵查方當時尚未掌握的新事實，可是該自白卻完全沒有相當於「祕密的暴露」的內容。不僅如此，依事件的客觀狀況觀之，自白內容的頭尾也沒有相符，之後的偵訊中也出現許多必須修正供述的地方。

名張事件是有人在裝有葡萄酒的一升瓶中放入農藥，殺害女性的案件。當然，由於案件是有計畫的犯罪，所以在自白時，就必須連同犯罪動機具體說明犯罪計畫與準備。奧西先生於自白中說道，三月二十八日是村裡預定集會之日，於是前一天有了下列計畫：

> 我趁著這個（村裡集會）機會，想盡辦法要殺了妻子，會變成這樣的事件，我覺得是我不對，而且外遇對象A也有錯，大家都很讓人討厭，所以我就想用去年八月左右在名張市○○藥局買的**日華林，加進女性喝的葡萄酒中殺了她們**。我是在三月二十七日下班回家的時候有了這樣的計畫（著重號部分為作者所加）。

因為三角關係發生爭執，所以討厭妻子並殺害她這件事，雖然乍看之下也許是有可能的，但是在這個事件中，卻產生同時將第三者A殺害，並在集會後的餐會中無差別殺死了同席三名女性的結果。在此所供述的動機能否說明這個事件的發生是很有疑問的。但姑且不論這點，更有問題的是，在事件前一天的三月二十七日「想要使用日華林，混入女性喝的葡萄酒中殺了她們」的部分。

由事後「事實」逆向思考的「計畫」

此事件中，在為女性會員所準備的葡萄酒中加進農藥日華林（事實上，農藥是否為「日華林」也是有疑問的，這一點在再審中也被爭執），喝了這個葡萄酒的人，包含妻子及情婦在內，共五人死亡。若由這個事後的「事實」回溯思考犯罪概要的話，事件前一日將日華林加進「女性喝的葡萄酒中想將她們殺害」而計畫犯罪這件事，是很自然的概要，乍看之下似乎很合理。但之所以會這樣認為，也只不過是因為已經先知道事後的「事實」，並以此為前提加以思考罷了。

這雖然是理所當然的事情，但如果依照事件的順序進行體驗的話，「計畫」、「準備」階段並無法預知到做為結果的「事實」。實際上，在村子的集會後舉行的餐會中，雖然為女性會員準備葡萄酒這個「事實」的確如實發生，但想在葡萄酒中加入農藥的計畫，至少在做出該計畫的時點，奧西先生就必須先知道隔天的餐會會向女性會員提供葡萄酒這件事實。然而依照當天準備餐會的人們的說詞，因為當年度集會用的預算不足，所以尚未決定是否提供葡萄酒，而是委由會長N先生來決定，而N先生是在事件當天決定提供葡萄酒。也就是說，在前一天的這個時點，是否在聚會上提供葡萄酒這件事仍尚未決定。若是這樣，奧西先生自白的「計畫」本身就欠缺前提，無法與事實相符。

四月三日天尚未亮前，在最初的自白筆錄取得上述自白後，偵訊人員似乎也注意到了這點，之後的自白也演變成不是「葡萄酒」而是想要在「大家喝的酒」中加入農藥，此外也加入多處的修正。最後在檢察官所整理的公訴事實中，變成「做為從兩、三年前開始的慣例，在那之後繼續進行餐會，一同吃飯喝酒，向女性與男性提供的酒是不同的，依照慣例，向女性提供的酒是葡萄酒，我想即使提供的不是葡萄酒，也會以放入砂糖的熱清酒備用，所以就利用這個餐會的機會……」奧西先生的自白反覆變化，終於在十多天後才達到這樣的自白內容。加上出現做為備用的「含砂糖的熱清酒」等，是件非常奇怪的事，因為在這個地區根本沒有這種喝酒的方式。

若是真的體驗過犯罪的真凶，那麼他在「計畫」的時點就會有所認識，並基於這個認識制定「計畫」、進行「準備」，並依此在具體狀況下「實行」犯罪，這才是做為犯罪結果的事後「事實」。體驗的流程，會依照這樣的時序進行「順向」展開。然而，在無辜的人落入自白而說出犯罪概要之前，就先被提供了犯罪結果的事後「事實」。

在此基礎上，無辜的人只能假想這是自己所為的犯罪，並進而思考至今為止所做的「計畫」與「準備」以及「逆向」建構「犯罪」的流程，除此之外別無他法。奧西先生所說的自白，很有可能正是由這種「逆向建構」所產生。

在說出實行「計畫」時所暴露出的「無計畫」

問題不只這些。如同檢察官的公訴事實，想在女性會員餐會上喝的葡萄酒，或是做為備用的熱清酒中混入農藥，這還僅止於「構想」的程度，並不是犯罪的「具體計畫」。若是真凶的話，必須考慮農藥到底要在何時、何地、以怎樣的方式加進葡萄酒中。但奧西先生當初只說，「想將日華林加入女性喝的葡萄酒中，將她們殺害。」除此之外，就沒有再多說什麼了。

事件當日，奧西先生工作結束後回家，前往正在準備集會的鄰人N先生家，接著從N宅前往會場（被稱作是「藏福寺」的社區活動中心）時所發生的事，奧西先生做了以下敘述。這是從否認階段開始就一直沒有改變，且經過很多人確認過後的「事實」。

（在家換衣服）前往南邊鄰居N先生家的時候大約是下午五點半，說了一起去（會場）煮茶吧？K先生和我太太等人就說葡萄酒和清酒放在那邊，你帶去寺廟。我回覆說好。當我正要將放在入口附近的酒，其中一支夾在左腋下，另一支用左手拿，葡萄酒用右手拿走的時候，因為T先生正拿著木柴剛要前往會場，我們兩個人就一起經過我家前面。來到附近M女士家的周圍時，F女士立刻就從後面追了上來。兩位女士邊走路邊談話，我就先走到會場，也就是從藏福寺的大門再向上走。

奧西先生這個行動，已經和在N宅的K與一同前往會場的T、途中與T合的F確認過了。因此，如果奧西先生是犯人的話，在前往會場的場合，必須將日華林藏在不起眼的地方偷偷帶著，並在誰都不會發現的場所將日華林加到葡萄酒中。

但奧西先生經過N宅時，入口放置一支葡萄酒與兩支清酒，並被請託將其帶至會場。對奧西先生來說，這不過是「偶然」發生的事情。說到底，奧西先生在事件當日，自始對於葡萄酒是誰在何時於何處購入，並在何時搬運至何處，最後又是誰將之搬運至會場等事情，都處於完全不知情的立場。

若奧西先生是犯人，並於前日「想要將日華林加入女性喝的葡萄酒中」進行準備，那麼他到底計畫在何時、何地將日華林加入葡萄酒中呢？當然，因為最終應該會將葡萄酒、乃至於代替葡萄酒的飲料帶入會場，所以在會場將日華林混入，在物理上是有可能的，但在小小的公民館分館會場、參加者至少有三十人以上的集會中，幾乎不可能在沒有人注意到的情況下進行犯罪。縱使提早前往會場，也不知道葡萄酒何時會被搬運到會場，且會場中也應當會有進行會場布置的女性不斷出入。在這樣的場合下，打開葡萄酒的瓶蓋、將農藥混入、再把瓶蓋蓋上並恢復原狀這樣精細的工作，我不認為能夠在不被任何人看到的狀況下完成。

至少犯人本身，是不可能沒注意到這麼理所當然的事情，且身為犯人必須要將這些考量放在心上並進行「計畫」。不過，若僅看奧西先生的自白，看不出只有實際體驗者才會有的「計畫」性。自白內容雖然如同依循著「計畫」般進行陳述，但若順向思考的話，會發現其為「無計畫」。

奧西先生在前往會場前經過N宅時，偶然被拜託將放在入口的清酒和葡萄酒運至會場。在奧西先生的自白中，雖然提及決定要在葡萄酒內混入日華林，但只不過是將被置於眼前的這個「偶然」由事後編入犯罪的流程中，以猶如「計畫」般的樣貌陳述出來。實際上，若不是偶然看到葡萄酒，奧西先生完全沒有意識到該如何進行犯罪。這樣的話很難說是大致順向的意思下的「計畫」。

把劇毒放在竹筒內搬運的不自然

不僅如此。日華林的運送方式也存在著重大問題。

依照奧西先生的自白，事件前一晚，奧西先生在自家切苦竹製作竹筒，並將日華林從容量為一百c.c的瓶子中倒入竹筒，在事件當日將其帶至會場，並混入葡萄酒瓶中。這是非常特殊的犯罪態樣，如果這個自白有客觀證據做為佐證，就有可能成為「祕密的暴露」。實際上，二〇〇六年的裁定就是這樣認定的。然而，該自白所陳述的犯罪態樣，做為人的行動而言在現實中是否有可能發生？這就是問題所在。

奧西先生前一晚準備要裝日華林的竹筒，依照自白是將「直徑兩公分左右」的空心苦竹「留下竹節部分並在長度六公分左右的部分切斷」，然後倒入日華林，「並將報紙做的塞子塞進去」。該準備作業，為了不讓家人知道，雖然是在夜晚趁著屋外天色微暗的狀態下進行，但這本身就是個危險的行為，到底能不能在不漏出日華林的情況下順利完成，成了審判中的重要問題。

此外，奧西先生的自白中記載著，其於犯罪之日將該竹筒「藏在上衣口袋中」，並將其帶至會場。假使像這樣將竹筒放入口袋中、抱著三支一升瓶前往會場，是不可能不去擔心竹筒傾斜、日華林進而從報紙塞子流出的可能。日華林是極少量就能致五人於死的劇毒。在奧西先生之後的自白中提到，其在事件前一晚將日華林移入竹筒時，心想「沾到手很危險」，所以「拿出尼龍手套戴上」以進行該動作。將那麼危險的農藥移入竹筒並僅以報紙塞住，而且將之隨身攜帶於口袋中，我不認為這是現實上有可能的順向「計畫」。

到底能否在天色微暗的狀態下，將日華林裝入竹筒，並將之放入夾克口袋中，在不漏出的狀態下進行搬運，這成為審判中的問題。確定判決中依據再度檢驗的結果，認定其並非不可能。但問題並不僅是實際上這樣做的時候，到底是否會有這樣的結果。毋寧說是依著事情的順序思考，設想現在有人想以日華林進行犯罪，是否會制定出將這個危險的毒藥倒入竹筒、並僅以報紙塞住的狀態下放入口袋中進行搬運，這種一看就知道很危險的「計畫」。舉例而言，如果是必須要搬運鹽酸或硫酸的話，應該會將其放入密閉的容器，而且絕對會想辦法不讓它漏出來，反觀本案卻放在看起來隨時會漏出的容器中進行搬運。由順向觀之，不得不說這是不可能發生的事。

之所以會出現這樣奇怪的犯罪概要，恐怕是因為在事件後搜索，在奧西先生周邊並沒有發現有日華林的瓶子，以及在被認為是犯罪現場的會場火爐灰燼中，出現了像是竹子燃燒後的殘餘物的這兩個「事實」（之後的鑑定中，並沒有在燃燒殘餘物中檢驗出燃燒日華林時應該會出現的成分，因此無法證明其與事件間的關聯性）。偵訊人員對於落入自白、除了「扮演犯人」之外別無他法的奧西先生，以這個搜索資訊為基礎進行訊問時，奧西先生將該「事實」以逆向方式編入犯罪概要中。只有這樣看才能理解這個奇怪的自白。

奧西先生所說的犯罪「計畫與準備」，若由順向方式觀之，可說是毫無道理，因為這是以事件後所殘留下的事後「事實」進行逆向推論所製造而成的故事，這種「逆向的建構」的痕跡在此也清楚地留了下來。我將詳細檢討這件事的鑑定書向法院提出，但法院完全沒有理解，而持續無視這個心理學的供述分析。在這樣的狀況下，奧西先生在八十九歲時病逝獄中。此後，其高齡的妹妹繼續進行再審之請求，但法院仍沒有打開再審之門的跡象。

第四章　自白的撤回：解釋自白的時刻

置身於「導往有罪方向的強力磁場」中而落入自白，將自白內容具體化的無辜者們，終於從那個磁場中被解放，來到重新開始主張自己無辜的時刻。那一刻，會是什麼時候呢？一般印象中，如果是在嚴厲的偵訊下自白了，那麼從那樣的偵訊中獲得解放時，應該就會撤回自白。但是，實際上，事情並沒有那麼單純。偵訊結束，被起訴之後，雖說轉換為被告的身分，但也不是當下就能夠主張自己的清白。

所謂被告的立場，在法律上是與身為原告的檢察官對等的當事人，如果是無辜的，照理說只要堂堂正正地主張自己的無辜就好。但現實中，在有罪率超過百分之九十九的日本刑事審判裡，身為被告跟「你就是犯人」沒有兩樣。至少，一般大眾會覺得你是犯人的可能性非常高。纏繞在偵訊時的磁場，縱使從中獲得解放，仍會被社會以同樣的磁場包圍，這樣的話，與之對抗、主張無辜，就不是這麼容易的事。無辜者想要撤回自白，其實需要相當大的勇氣。這件事情，很多人並不知道。

再者，無辜者撤回自白，轉而主張無辜後，又會被問，「既然如此，偵訊的時候為什麼要自白？」無辜的人要怎麼回答這個問題呢？當然，若是受到不當的暴力偵訊而自白，或許任誰都能理解。然而，通常無法明確指出受到不法偵訊。那麼，這個時候，要怎麼樣解釋自己的自白呢？而解釋時的語句，也會顯現出無辜者才有的表徵。這一點，我們最後再來檢討。

◆1、從維持自白到撤回自白

因真凶現身而證明無辜的冰見事件

無辜者被偵訊的強力磁場所包圍，從而放棄抵抗而自白，在一些案例中，甚至到了審判階段也沒能主張自己的無辜，最後被判有罪，入獄服刑。冰見事件就是其中一例。

二〇〇二年一月十四日，富山縣冰見市發生一起十八歲少女在自家遭性侵的案件；同年三月十三日，又發生一起十六歲少女同樣在自家遭性侵的案件。根據被害人的描述，警方描繪出犯人的模擬畫像。市內的計程車司機柳原浩先生因長相與犯人畫像相似，被要求任意同行，其後歷經反覆偵訊，最終落入自白被捕。然而，他無法好好陳述犯罪事實，耗費十天之久，記載具體內容的自白筆錄才製作出來。不僅如此，也有像是現場留下的鞋印痕跡與柳原先生的尺寸不合、案發時柳原先生在自家打電話的紀錄等等，好幾個偏向無罪方向的證據。觀察那樣的經過，柳原先生的自白是虛偽的可能性很高，偵查機關卻將那樣的可能性完全封鎖，僅僅憑著被害人的目擊證言及柳原先生本人的自白，就決意起訴。

庭審時，柳原先生也沒有否認犯行，繼續維持自白，結果獲判三年有期徒刑，入獄服刑兩年多後，於二〇〇五年一月十三日出獄。二〇〇六年八月一日，鳥取縣一名犯人被捕，他的犯罪手法與冰見市的性侵案件相同。追查過程中，該名犯人於隔年一月十七日自白，表示冰見市的兩起案件也是他做的，經偵查機關再度調查的結果，證明他的自白為真。如此一來，因為真凶的現身，證明了柳原先生的無辜。也因此，富山地檢署聲請再審，於二〇〇七年十月十日，富山地院宣判柳原先生再審無罪。

那麼，柳原先生為何會自白根本沒有犯下的性侵與性侵未遂案件，之後在審判中也沒有撤回自白，甘願忍受入監服刑的判決呢？這種情況，可說是偵訊中將柳原先生導向虛偽自白的強力磁場，在起訴後的審判中也繼續以相同的力量包圍著他。

從柳原先生在任意偵訊中落入自白到起訴為止，偵訊人員「確信柳原先生就是犯人」，而柳原先生也配合著偵訊人員的認定「扮演犯人」。此處所產生的奇妙人際關係，我稱之為「自白關係」，而這個關係不是在起訴後就馬上被切斷的。事實上，柳原先生在第一次審理期日被問到是否認罪的時候，也害怕偵訊人員是不是有來法庭旁聽。

不只是這樣，他坐在法庭的被告席時，辯護人以有罪為前提，徹底進行了情狀辯護，一味地要求柳原先生道歉反省，並在背後建議其家人賠償被害人。實際上，站上證言台的哥哥也在柳原先生面前表示已對被害人賠償及道歉。如此看來，對柳原先生來說，只會想著自己可能連一個無罪的盟友都沒有。傾向有罪的磁場，從偵訊室到法庭緊密連成一線。在那種情況下，若說沒有勇氣主張自己的無辜，我們也不能責怪他。

到第一審法庭辯論終結為止都維持自白的足利事件

足利事件的菅家先生也如第一章所述，在起訴後的審判階段長時間維持自白。在審判階段，他的辯護人雖然也對當時才剛開始運用的DNA鑑定提出證據能力上的疑點，但從任意同行後一天的偵訊就落入自白等情況看來，暫且不論另案的兩起案件，對於被害人為真實小妹妹的案件，連辯護人都認為凶手絕對是菅家先生，沒有想過無辜的可能性。因此，菅家先生也沒有對辯護人打開心房、訴說自己的無辜。

菅家先生的家人就住在足利市內。於第一次審理期日開庭前，菅家先生因為擔心家人，曾寫信回家。但是沒人回信給菅家先生，也沒有家屬來會面。家屬這邊，看到親人被媒體大肆報導為遭逮捕的重大案件犯嫌，加上聽說本人也自白認罪，也就沒有考慮無辜可能性的餘地了吧。面對蜂擁而至的媒體，守候在住家門口要求採訪，他的家人也只能隱藏起來、低調地生活。從菅家先生的角度來看，自己是處於連一個覺得自己可能無辜的人都沒有的狀態，正是「孤立無援」這四個字的展現。

在這樣的狀態下，迎來第一次審理期日的菅家先生，進入法庭時瞥了旁聽席一眼。那一眼並不是在找他的家人，而是「那些可怕的刑警是不是也來了啊？」如此擔心著。實際上沒能確認是否真的來到現場了，但是「萬一說了什麼不適當的話可能又會被罵了，就這樣戰戰兢兢地坐到位子上」(見《冤罪》，朝日新聞社)。不只這樣，檢察官的位子上，對自己進行偵訊的M檢察官也在。菅家先生敘述如下：

法庭裡，對我進行過偵訊的M檢察官也來了。M檢察官跟那些可怕的刑警是一夥的，所以要是說了什麼不對的話，M檢察官馬上就會跟他們告密吧。也因為站在很多人面前很緊張，自己到底說了什麼話，記不太清楚。只記得很多時候就只是順著問題點頭回答「是」、「是」。

當時的我，不管對方是誰，只要有人願意問我「實際上你沒有做吧？」我應該可以回答「我沒有做。」但是，在我對警察自白後，大家都用確認的語氣對我說「你幹的吧？」我也只好點頭稱是。即使是面對法官，也擔心如果我說沒有做的話，是不是會被罵，說我沒有反省。

菅家先生在進入審判階段後，也一直在「導往有罪方向的強力磁場」的影響下，無法從偵查階段與偵訊人員之間的「自白關係」中脫離。

菅家先生一度撤回自白

菅家先生毅然決然地撤回那份自白，主張自己無辜，是在第一次審理期日之後經過一年四個多月，進行第十次審理期日的時候。只不過，在那之前有兩次，他一度主張自己是清白的。

第一次提起自己的無辜，是在第五次審理期日後精神鑑定期間。其後，M檢察官為了確認其餘兩件做不起訴處分，來到看守所。那個時候的偵訊錄音帶於再審階段被開示，從錄音中可以發現，菅家先生雖然一方面在審理階段維持自白，卻曾非常短暫地主張過自己的無辜。

如方才所述，於本件是名叫「真實」的小妹妹。案件起訴前一天，菅家先生也自白承認了另外兩起案件的犯行。然而，另外兩案並沒有確實的物證，自白內容也不夠具體，以檢察官的立場來說，似乎也沒辦法達到有罪心證，最終決定往不起訴的方向處理。在那之前，真實小妹妹案件審判開始十個月後的一九九二年十二月七日，M檢察官為了確認另外兩案而進行偵訊。那時，菅家先生不只否認其他兩案，也一併否認了真實小妹妹一案。那個否認的場景，就收錄於錄音帶裡。

M檢察官這個時候已經許久沒跟菅家先生見面，一開始是如下所述對菅家先生問話。「現在審判的是真實小妹妹的案件」，「在那之前，還有萬彌小妹妹與有美小妹妹的案件」，關於這些案件，你也在警察偵訊時承認「是我做的」，也做了筆錄。那麼，「真的是你幹的嗎？我想再確認一次，所以來跟你會面」，「今天，就用比較開放的心情來聊聊這件事吧。」

M檢察官所想的，是審理中的真實小妹妹一案當然是菅家先生做的，在此前提下，其他兩案可能不是菅家先生做的，所以想要確認。但是，菅家先生聽了之後，並沒有理解到M檢察官是這樣區分這三起案件，誤解了他的意圖，而如以下對話所述，否認了這三起案件。

M檢察官：真的幹了的話，就說真的幹了，沒有關係。真的沒幹的話，那也老實說，沒有關係。不管是哪一種答案都好。

菅家：（沉默了一會兒）說真的。

M檢察官：嗯。

菅家：可以嗎？

M檢察官：嗯。

菅家：我沒做。

M檢察官：沒有做，是說哪一件，還是只有一件。

菅家：哪一件都沒有。

M檢察官：都沒有做？

菅家：對。

菅家先生所說的「哪一件都沒有」的「哪一件」，並不是M檢察官所想的萬彌小妹妹與有美小妹妹的案件而已，還包含正在審判中的真實小妹妹一案。實際上，菅家先生接著開始積極敘述，自己因為真實小妹妹的案件被要求任意同行時，「不清楚到底發生了什麼事。」

M檢察官並沒有在那個地方去釐清菅家先生的誤解，而是聽他繼續說，過了好一會才終於向菅家先生確認，「有三起案件……你說是哪一件有涉案，哪一件沒涉案呢？」此時，菅家先生清楚回答，「我完全沒涉案。」

如第二章所見，引發虛偽自白最大的主因是偵訊人員深信嫌犯就是犯人，憑著「沒有證據的確信」執意地逼迫嫌犯。相反地，如果偵訊人員把無辜的可能性先放在腦中去調查的話，虛偽自白發生的可能性就會變小。此處，菅家先生許久不見這位承辦案件的M檢察官，雖說是誤解，但因為M檢察官親切地說「真的沒幹的話，那也老實說，沒有關係」，才會撤回一直以來的自白。

第二天再度落入自白

但是，對M檢察官來說，暫且不論兩件另案，如果菅家先生連已經在審理階段的真實小妹妹一案也撤回自白的話，事情就不好看了。M檢察官應該也作如此想，所以第二天，十二月八日，他再度到看守所進行偵訊，對菅家先生提起關於前一天否認的事情。他說，「我今天來是因為你好像說了一些奇怪的事」、「現在已經起訴的真實小妹妹一案，那件事是你做的沒錯吧？」開始追究菅家先生。菅家先生起初還是否認，說「我沒有。」然而，此時M檢察官不像昨天一樣讓菅家先生好好地說。

M檢察官重新把被當作決定性證據的DNA鑑定結果拿出來，對菅家先生說，「你說說看，精液跟你一樣的人會有幾個？」再把現場模擬時，菅家先生正確指出被害女童衣服丟棄位置的事情拿出來，追根究柢地問：「到現在都承認的事情，為什麼最近突然想要否認呢？」、「我可沒跟你說可以這樣奸詐吧？」

M檢察官如此將自己有罪心證的證據擺在菅家先生面前，執意地追究，結果上述這樣的對話持續了一段時間後，菅家先生忍不住哭了出來，說：「對不起，請饒了我，請饒了我吧！」再度轉向自白。對菅家先生來說，與帶著確信追究的M檢察官對決，主張自己的無辜，仍然是一件困難的事情。

審判中第二度撤回自白

菅家先生於審判階段第二次撤回自白，是在一九九二年十二月二十二日第六次審理期日。菅家先生被移送看守所後，開始寫信給家人，但是知道信件內容會被檢閱，所以也沒辦法明確在信中表達自己的無辜，頂多寫下「我真的什麼都不知道」、「請一定要相信我」這樣的話語，而真正明白寫出「我什麼都沒有做」、「我是無辜的」，則是審理開始之後的事。菅家先生的哥哥把信交給辯護人，辯護人在審理階段直接向菅家先生詢問那封信的真意。此時，菅家先生第一次從自己的口中說出「我沒有犯案」。

然而，無法相信菅家先生是無辜的辯護人，在那之後馬上去會面菅家先生，要求他對於在法庭上否認的發言道歉，並向法院提出意見書。菅家先生因此提交書面道歉書，裡面寫著，「我寄了十四封信給家人，因為怕家人擔心所以才在裡面寫著我是無辜的，請原諒我。」就這樣，到了第二年，一月二十八日的第七次審理期日，菅家先生又再次自白，承認真實小妹妹的案件是自己做的。

關於第六次審理期日時，菅家先生的否認，以及第七次在法庭上再度的自白，新聞也對此作了報導。住在足利市內的N先生得知這件事，才因此想到這該不會是冤案。N先生當時跟菅家先生在同一間幼稚園打工，擔任幼稚園巴士司機，所以也對該事件有所關心。就在第七次審理期日之後，N先生寄信給在看守所的菅家先生。對菅家先生來說，這是自從被逮捕後經過一年以上的歲月，第一次有人從外面寫信給他。菅家先生很開心，立刻就寫了回信，只是過了一陣子他冷靜下來想想，對方是自己根本不認識的第三人。N先生在下一封給菅家先生的信裡寫著，「如果你是無辜的，希望你能堂堂正正地說出來。」然而，菅家先生因為猶豫是否該相信，所以在第二次的回信裡表明「不希望外界再帶來煩擾，」所以「拜託不要管我了。」之後便拒絕繼續通信，也不接受與N先生的會面，並且退還三月九日N先生送進去的現金。

至菅家先生完全撤回自白為止

足利事件的審判，於一九九三年三月十一日第八次審理期日時由檢方進行論告，求處無期徒刑，兩週後的第九次審理期日，由辯方進行最終辯論後審結。預定宣判日期在六月二十四日。菅家先生撤回自白，開始明確地轉向否認，則是審結之後的事。

受到求處無期徒刑的檢方論告後，菅家先生重新思考與N先生斷絕往來一事。他在三月十八日給N先生的信中寫道：「不管變成怎麼樣，我都會繼續努力」、「請支持我」、「我不是孤零零的一個人吧！」如此，菅家先生接受了N先生前來會面，繼續與N先生來往，最終下定決心向法院表達「自己是無辜的」，並再次向辯護人要求給予他在審判上主張無辜的機會。因此，在宣判日的六月二十四日，法院開啟了第十次審理期日，於此，菅家先生撤回了至今為止的自白，向法院申冤。但為時已晚，已形成有罪心證的法院於兩週後的七月七日，判處菅家先生無期徒刑。

世界上只要有一個人相信自己是無辜的，就會有力氣去嘗試主張自己的無辜。但是，如果覺得沒有任何人會相信自己的清白，要撤回虛偽自白就不是一件簡單的事情。無辜的人之所以到法庭也維持那份虛偽自白，理由就在此。

一審維持自白，上訴審初次否認犯行的狹山事件

狹山事件的石川先生，也是在被起訴、脫離偵訊環境後，直到一審審理期間仍維持自白，遭判處死刑。如方才所見，石川時間先生是在一九六三年六月二十日落入自白，一開始表示是三人犯行，三天後的二十三日，他改稱是單獨犯行，犯罪經過大致上交代完畢，並在七月九日被起訴。然後，兩個月後的九月四日，在浦和地院開啟了第一次審理期日，但石川先生在審判中維持自白，法院也只花了六個月的時間就審

結，於隔年的一九六四年三月十一日做出了死刑判決。

石川先生是在同年九月十日開啟的上訴審第一次審理期日，在法庭上否認犯行。從當初被起訴的時間點起算，石川先生維持那份自白，達一年兩個月之久。

多數人無法想像，在可預見會被判處死刑、無期徒刑這類重刑的案件裡，無辜者會於審判中維持虛偽自白。但在足利事件中，菅家先生從起訴、論告乃至求刑，有一年六個月的時間無法明確地撤回虛偽自白。如果沒有因為新聞而對案件產生疑問的N先生，寫信給菅家先生、跟他會面，那麼菅家先生決心撤回自白的時間點很有可能又會更晚了。

在這一點上，狹山事件的石川先生，從其於審判中維持自白期間的長短來看，並不比菅家先生來得長。不過，從石川先生第一審是被判死刑，以死刑的重量來看，可能會認為應該不會這樣維持自白吧。但此處我們必須考量的事實是，無辜者對於應能預見的刑罰沒有現實感。

根據當時的辯護人在上訴審所做的證言，在第一審最終辯論後，他向石川先生表示可能會被判死刑的時候，「石川先生看著我，淺淺地笑了。他說，好的，好的。」辯護人說：「我當時想這到底是什麼意思？感覺非常的奇怪。」另外，石川先生自己在上訴審被問到一審被判死刑時的事情，他說「『沒有特別怎麼樣，所以結束之後……死刑……也就那樣吧』……當時在場的大家都笑了。」如果是真凶的話，那應該是令人害怕的判決，然而石川先生完全不為此動搖。

即便如此，石川先生如果是無辜的，為什麼在審判時仍繼續維持自白呢？光是「沒能實際感受到死刑的重量」這樣的理由是無法說明的。在上訴審撤回自白的石川先生，主張當時負責調查此事件的H警官跟他說，如果自白的話，保證十年就可以出來，所以才想要自白。H警官在法庭證人席的時候，石川先生自己做為詰問者，並對H警官追究這件事情。當然，H警官否認這件事情。在這裡，我想要大家注意的，並不是石川先生與H警官之間是不是真的有那樣的「約定」，而是在那樣孤立無援的環境裡，緩和石川先生堅決否認的情緒、促使他走向自白的，是家鄉棒球隊曾經照顧過自己的關巡查部長，而H警官則是鋪好走向自白的那條路。也就是說，石川先生是在那樣的人際關係下落入自白的。

我們回顧一下就要落入自白前的狀況，石川先生正受到因殺人嫌疑再度被逮捕的衝擊，心裡也充滿了對辯護人的不信任感。在這種情況下，遇到關巡查部長的時候，他在手記（見《青木英五郎著作集II》，田畑書店，一九八六，頁三七七）裡形容，「就像在地獄看到佛祖的臉一樣，是一張令人想念的臉。」這不只是發生在落入自白的時候，起訴、被移送到看守所後，關巡查部長也曾經與負責偵查的檢察官一起到看守所會面石川先生，或是單獨與他見面，給他送過幾次東西。再加上，H警官在起訴後也繼續跟石川先生有信件往來。石川先生在與偵訊人員之間人際關係的包圍下，落入自白，展開他的自白內容；起訴後，偵查人員也努力讓那樣的人際關係持續。

偵訊人員把嫌犯「當作犯人對待」，嫌犯在那樣的偵訊人員面前「扮演犯人的角色」，而辯護人幾乎是局外人，無法發揮影響力。如此的自白關係，若起訴後也繼續存在，被告要從那裡擺脫，撤回自白，實在不是一件容易的事。

那樣的石川先生，在上訴審第一次審理期日時，突然自己主動要求發言，說「不好意思，造成你們的麻煩，但是我沒有殺Y女。這件事情我也還沒有跟辯護人說過。」轉為否認犯行。就算再怎麼對刑罰缺乏現實感受，實際上被判死刑之後，在看守所裡聽到同房的人或看守所職員所說的話，不安的心情也會漸漸湧上心頭吧。再者，在一審階段，與為部落問題奮鬥的社會運動工作者會面過幾次，也被對方說：「跟警官的約定什麼的，絕對是騙你的啦！」更重要的是，石川先生透過該社運人士收到哥哥寫來的信，要他「把真正的事情說出來吧！」這件事情影響很大。要突破自白關係而開出一個洞，還是需要有能夠對抗自白關係、值得信賴的第三人存在。

起訴後在自白與否認間搖擺的日野町事件

也有案例是當事人在起訴後離開偵訊的環境，沒有繼續維持自白，也沒有徹底地轉向否認，而是心情上在自白與否認之間搖擺不定。日野町事件的阪原先生正是如此。

如第三章所述，阪原先生於一九八八年三月九日被要求任意同行後，在此後三天的偵訊下，於十一日落入自白，十二日被逮捕，之後再到四月二日被起訴為止，阪原先生在偵訊人員面前都保持著一貫的態度，也被製作了自白筆錄。但是，在那期間，與辯護人兩次會面時（三月二十三日、二十六日）他曾經否認。然後，快要起訴前，在裁定開示羈押理由的法庭（三月三十日）中，他對法官說，「既然有這麼多的證據，我覺得我也沒辦法說我沒有做。」用如此的說詞去表示自己雖然心裡面想要否認，但是想否認也不能否認，已然放棄的心境。之後，在被起訴的四月二日當天，也曾經在與辯護人的會面中，反覆用這樣曖昧不明的說詞來表達自己的心情。

其實，起訴當天，這個與辯護人會面的狀況是有錄音紀錄的。其中，辯護人特別避免了促使他否認的提問，徹底用中立的提問方式。對此，阪原先生在一些地方重複說「我就什麼都沒有做啊！」」整體而言，與其說是承認，倒不如說是「沒辦法」的回答語氣。譬如，辯護人問他：「你有說你絕對沒做嗎？」他說：「只要我說了是我幹的，就算要說謊也不得不像那樣配合著回答，所以就一直這樣配合著講了。」就算是說謊，也自白了，而自白也被記錄了，所以沒有別的辦法，只能配合著那份自白去說。被起訴後，也是只能這樣下去。

關於本件，阪原先生表示，「警察跟我說有這麼多證據，」所以不得不認了。現在，「筆錄也已經是那樣，」所以已經無法再挽回。如果撤回自白，「又要再經歷一次這麼過分的事情我也會很痛苦。」服刑的事情也是，「本來一年可以解決的，可能要花上三、四年。」所以，「那倒不如去服刑，能早就早……順順利利、老老實實地服刑……之後再從頭開始、重新努力。我是這樣下決心的。」

阪原先生在法庭時，也以「被說有這麼多證據，所以沒辦法只好認了」這樣的主旨去陳述。對此，法官說，「如果是無辜的，那就不應該存在確實的有罪證據，你這樣說不是很奇怪嗎？」的確，乍看確實如此。但是，在冤案中，無辜的人自白，是因為偵訊人員把會成為有罪憑據的證據擺在他們面前，要求他們說明，而不管再怎麼說明都不被認同，所以才落入自白。也就是說，如第二章所見，當被「有罪方向的強力磁場所引導」，而無法與其對抗時，無辜的人就會落入自白。我想，足利事件的菅家先生也是如此。一開始DNA鑑定結果擺在眼前的時候，因為自己確實是無辜的，本應抬頭挺胸、堂堂正正地說「鑑定是錯的！」，但實際上卻沒辦法那樣子反駁。

所謂「被說有這麼多證據，所以沒辦法只好認了」，事實上是無辜者落入虛偽自白之際，毫不虛偽的真正心境，「如果可以否認的話，我也想要否認，但是沒有辦法」的意思。如此看來，我們可以知道阪原先生在這裡所說的，正是這麼一回事。

在半放棄狀態中原本打算繼續維持自白的阪原先生，在起訴後的一個半月，五月十七日的第一次審理期日，才終於將至今的自白全部撤回，主張自己的清白。其行動的背後，有著辯護人的辯護活動，還有最重要的——妻子與孩子們的支持與鼓勵。無辜者要撤回先前的虛偽自白，重新主張清白，仍需要再度建立起能夠相應支持他的人際關係。

在偵訊中自白的人，即便脫離了偵訊環境，也無法立即撤回自白。有些人甚至還會長時間維持自白。這可能會讓一般人認為，因為那個人是真凶，只是後來開始害怕預想的刑罰，所以才轉向否認。但是會有這種想法，是因為背後存在著「無辜的人應該不會如此輕易就落入虛偽自白」，這種把虛偽自白想得太簡單、太不符合現實的前提。

實際上，無辜者之所以能夠主張清白，是因為周圍的人相信並支持他的無辜。如果沒有那些支援，要撤回之前的自白、主張無辜是非常困難的。倘若無辜者被捲入「導往有罪方向的強力磁場」而落入自白，並陷入與製造那個磁場的人們之間的人際關係，那麼要從那裡脫離，就不是那麼簡單。脫離了偵訊環境，卻仍舊維持虛偽自白，無法輕易地轉向否認，乍看之下好像很奇怪，但在新型態虛偽自白過程模型中，反倒是理所當然的。冰見事件的柳原先生、足利事件的菅家先生以及狹山事件的石川先生，他們在審判中維持自白的情況，即印證了上述說明的案例。而日野町事件的阪原先生在起訴後沒能清楚確實地轉向否認，有段時間停在近似放棄般的曖昧狀態，正是表現出無辜者微妙的心情搖擺狀態的案例。

◆2、過去的自白要如何解釋說明呢？

是「敘述被冤的經驗」？還是在「扮演冤罪受害者」？

在偵查階段自白的人，起訴後在某個時間點撤回自白，周遭的人便會問：「那你在偵訊的時候，為什麼要自白？」接著又會問：「真的沒做的話，你是怎麼講出犯罪經過的？」對於這些疑問，無辜者必須要解釋說明。而我們會想要根據其闡述的方式，辨別出究竟那是無辜者真心的解釋說明，或者只是真凶的虛偽辯解。

如果是無辜者做出虛偽自白，那麼撤回的時候，為了解釋他為什麼做出虛偽自白，他只要照實將自己受到的冤罪體驗說出來，陳述「體驗的記憶」就可以了。

相反地，如果真凶做出真實自白，在起訴後撤回自白轉向否認的話，那麼被要求解釋說明時，他就必須要說謊，表明「自己明明沒有做，卻被錯認懷疑，所以才做出虛偽自白。」也就是說，在此，真凶要靠想像去「扮演冤罪受害者」。所謂的說謊，其實就是「扮演虛偽的自己」這件事。無辜者說謊自白，是將無辜的自己偽裝起來去扮演犯人；相對地，真凶說自己被懷疑，做出虛偽的否認，那是犯人把身為真凶的自己偽裝起來，去扮演一個冤罪受害者。

這樣一來，當真凶撤回自白，主張偵訊階段的自白是假的，他要辯解說明的時候，就必須「想像」所謂的虛偽自白為何，並以「扮演冤罪受害者」的方式說明。不過沒體驗過冤罪的人，是很難憑藉「想像」去闡明自己是冤罪受害者。事實上，沒體驗過虛偽自白的人靠想像所創造出來的虛偽自白，都是如第一章所說的「傳統的虛偽自白模型」一般，無辜者因偵訊時的暴力而屈服，落入自白，努力在腦袋裡記下偵訊人員強行輸入的犯罪經過，也就是所謂的「被強迫敘述」的內容。一般來說，人們只有這種虛偽自白的印象而已。

從這樣的前提來思考的話，在偵訊時自白的人將之撤回後，藉由分析他如何敘述自白的過程，就可以判別，那究竟是無辜者敘述自身虛偽自白的體驗，抑或真凶意圖掩蓋先前真實的自白，只是在想像自己做了虛偽自白而已。

落入自白的菅家先生的解釋說明

足利事件的菅家先生，再審無罪回歸社會後，曾經以自己的體驗記憶為基礎敘述自己是如何落入虛偽自白，又是怎麼敘述自白內容的。這個過程，在本書第二章、第三章已有介紹，菅家先生的敘述，我們可以說它正是敘述冤罪體驗的典型例子。

關於落入自白的過程，菅家先生說，不管自己說了幾次自己沒有做，偵訊人員「對於他們不利的說詞完全沒有要聽的意思」，「只是像咒語一樣重複地說『絕對就是你！』」，如此的偵訊持續了一整天，「不管怎樣都想要從那裡逃出來」、「可以說是完全沒有想到以後的事情了」、「當時也沒有害怕死刑的感覺」。如此，對刑罰沒有現實感、不管怎麼說偵訊人員都聽不進去、在那樣的無力感中落入自白，正是只有體驗過虛偽自白的人才能夠說出來的，這樣的情況，已經超越了真凶想像自己是冤罪受害者可以敘述的範圍。

又或者，關於落入自白後敘述自白內容的過程，如菅家先生所說，「到底應該怎麼說明，我拚死拚活地想了」、「因為已經說了『是我幹的』，那就不能說出前後不一致的說明，當時是那樣的心境。」如此，雖然是無辜的，但是得自己拚命地去想犯罪內容是什麼。這樣的敘述是被冤枉而做出虛偽自白的體驗者才會有的。在此，如果是真凶於偵訊時說了真正的自白，之後辯解說自己其實是無辜的、當時的自白完全是假的，那麼只能辯解為自白是偵訊人員強迫他所說出來的而已。但是菅家先生的解釋說明，並不是那樣類型的內容。

再者，在現場模擬的過程中，關於菅家先生能夠正確指示出丟棄被害人真實小妹妹衣服的場所這件事，菅家先生解釋說，當時明明「什麼都不知道」，只是「覺得大概就在那附近」，像是剛好猜中一樣做出了正確的指示。此處，產生了「聰明漢斯」的效果，菅家先生自己也不知道，搞不清楚是怎麼正確指出位置的。在這個問題上，如果今天是真凶在現場模擬，正確地告訴偵訊人員在哪裡、指出位置，那麼，之後撤回自白的話，他應該只能做出虛偽的辯解，說當時能夠正確地指路、指出位置，是因為現場偵查人員的誘導及指示。在這一點，菅家先生的解釋說明是完全相反的，這也顯示了菅家先生的無辜。

阪原先生在命案現場猜到正確答案的解釋說明

日野町事件中，關於從被害人H的處所被搶走的手提保險箱棄置地，也因為阪原先生在現場正確地帶路、指示丟棄地點，在審判時遂成了決定性的有罪心證。如果分析一下阪原先生關於這一點的解釋說明，就可以明顯看出，這大概很難說是真凶的辯解。

如前述，據參與這場現場模擬的O檢察官所述，阪原先生並不是照著偵查機關預想的路線，而是幾乎都在走一些未鋪設過的道路。到第一目的地的高壓電塔為止，是阪原先生自己站在最前面帶路，到達電塔之後的路線，也沒有現場偵查人員誘導，就正確指出了丟棄手提保險箱的地方。O檢察官說，因為看了這個過程，所以確信阪原先生一定是真凶。實際上，如果是真凶進行現場模擬，在無人誘導之下能夠正確地帶路，找到丟棄保險箱的地點，那麼幾乎可說是「祕密的暴露」一般的決定性證據了。

在這種情況下，如果阪原先生是真凶的話，在審判階段撤回自白，開始主張無辜的時候，正確地帶路找出保險箱這件事，理應會是很大的障礙，他必須去想應該怎麼找藉口來解釋說明。然後，唯一可以想到用來辯解的方式，就是說自己「被偵查人員故意誘導」，或是已經有人「直接告訴他正確答案」了。除了這些，想不出別的解釋。但是，阪原先生並沒有像那樣辯解，這也是我們必須注意的一點。

如前述所見，阪原先生從石原山山麓到電塔，然後從電塔到丟棄保險箱的地方，是他走在前面，偵查人員跟在後面，他在法庭也如此供述。這正如O檢察官的法庭證言，檢察官有提醒偵查人員「不可以誘導被告，不要站到被告的前面」。所以，乍看之下，這件事情是會增強對阪原先生的有罪心證。不過，再想想就會發現，阪原先生在法庭否認犯行，主張自己無罪的時候，似乎並沒有說現場模擬時有被「誘導」。

先前提到足利事件的菅家先生，在解釋說明時也說自己「只是亂猜猜中的」，一點也沒有說自己是被「誘導」的。阪原先生也是一模一樣的狀況。阪原先生在二審法庭上，關於現場模擬的供述如下。那是在石原山走到石原山電塔之後的一個場景。

辯護人：是在電塔的地方看了看附近的意思嗎？

阪原：是的。然後警察說，是哪裡、是哪裡？喂！是哪裡啊？不是這裡嗎？是這裡嗎？我就轉頭看了一下，大家都閉上嘴，什麼都不說，那時候我又猶豫了。

到底是哪裡呢？哪裡呢？為了找保險箱被丟棄的地方，那時候真是拚了命地努力找了。

阪原先生並沒有說偵查人員給他什麼指示或誘導，反而是說，「我就轉頭看了一下，大家都閉上嘴，什麼都不說」，所以自己猶豫了，「拚了命地努力」找尋保險箱被丟棄的地方。接著在檢察官的反詰問中，阪原先生又回答如下。

檢察官：剛才辯護人問你關於丟棄保險箱的地方，你說明了帶大家去那裡的情況，對吧？

阪原：是的。

檢察官：你剛剛說明的內容，跟你在一審法院說的內容幾乎一樣吧？。

阪原：是的。

檢察官：為什麼你會有那麼努力地、非要找到丟棄保險箱的地方不可的那種心情呢？

阪原：當然就是因為警察一直問我在哪裡、在哪裡啊。因為覺得應該要聽從警察說的話，所以我才那麼努力。

檢察官：你覺得如果說你不知道的話，會怎麼樣呢？是沒辦法說嗎？

阪原：那種事情我根本完全什麼都不知道啊。而且，說到底我就是覺得要聽從警察說的話，所以拚命去找了。

阪原先生在這裡完全沒有提到偵查人員有「誘導」，反而是在說自己「拚命努力找了」。如果是真凶的辯解，絕對不可能是這樣的供述。

阪原先生雖然是無辜的，但是居然可以在現場模擬時正確地帶路、找出東西，一般來說，一定會認為那就是偵查機關在誘導。實際上，辯護團也主張在那次現場勘察中，偵查機關「應該有誘導」。即便如此，阪原先生並沒有接受辯護團所主張的「誘導」，不管在第一審還是上訴二審，都一貫主張自己「拚了命地努力尋找保險箱被丟棄的場所」。看到這樣已經是頑固程度的辯解說明，我們不能把這理解成是真凶為了掩飾自己有罪的事實，而去「扮演被冤者」。阪原先生這樣將自己親身體驗的記憶忠實地描述，已經達到了固執的程度。

順帶一提，記錄這次現場模擬之偵查狀況的履勘筆錄中，附上了照片，記錄著阪原先生依序為大家帶路前往保險箱棄置現場的路線，以及從那裡走回來的路線。但是，聲請再審時，該紀錄的照片底片獲得開示，對照照片才發現以下不當之處：照理說應該是回程的照片，被當成了去程的照片，因此履勘筆錄上所呈現的照片順序，才偽造出阪原先生總是站在最前方引導大家走到保險箱丟棄現場的假象。如此的證據偽造，已然悖離了警察偵查的規範，是不被容許的。不過，這恐怕不是偵查機關一開始就有意誘導阪原先生，而用照片的排序來混淆真相。倘若一開始就有意誘導阪原先生，阪原先生在解釋說明的時候，應該不會說不出這些事情才對。

倒不如說，偵查機關並沒有誘導阪原先生的意圖，儘管如此，阪原先生自己努力找到了正確答案。在此背後，有方才所述的「聰明漢斯」效應發揮作用，而偵查人員沒有發現這件事。正因如此，O檢察官才會認為已經在勘察現場確認了對阪原先生的有罪心證。只是，實際上在製作履勘筆錄的時候，沒有適合的照片展現前往保險箱棄置現場那個場景，也不能就這樣放上可能會被懷疑是誘導的照片，所以才事後更換照片，在照片的排列順序上動手腳。當然，對「聰明漢斯」這種事實上的誘導沒有警戒，反而是偽裝成偵查時實際發生的情形，做出這種蒙蔽欺瞞的事情，是不應該被允許的。

石川先生所謂「自己想出犯罪經過」的說明

人們普遍深信，無辜者的虛偽自白，除了出於偵訊人員誘導之外，沒有別的可能性了。可能因為這樣，我們可以看到不少判決中，被告撤回自白後，在法庭解釋偵查階段自白的犯罪經過，不是因為偵訊人員的誘導，而是自己自發性想出來的，而這些判決就認定既然是被告自發性地供述，那就是真凶沒錯吧。但是，如同我從前面就不斷重複論述的，無辜者的虛偽自白是用「我是真凶」的心情，隨著偵訊人員的追究而想出來的內容。所以，抓住被告解釋說是「自己想出來的自白」，認為那是真實的自白，這樣的認定方式明顯是錯誤的。

譬如說，狹山事件的二審判決，就對於把屍體吊在芋頭洞穴裡的這段自白，做出如下判斷：

被告在本上訴審（第二十六次審理期日）時，對於辯護人詰問「為什麼會說把屍體吊在芋穴裡面呢？」被告回答，「屍體的腳好像是用繩子綁著的吧。（中略）關於繩子我也不知道怎麼回答，就說了是把他吊在洞穴裡。這樣說了之後，就被質問，如果吊在洞穴裡的話，不管是死了或是還活著，都會流鼻血，但是屍體沒有流鼻血啊？這件事情我被說了好幾次，但是沒有其他需要用到繩子的地方，所以只能堅持是在洞穴裡吊屍體所用。」再者，辯護人詰問，「因為拿給你看的那條繩子，是一條相當長的繩子，被問了很多次那是做什麼用的，最後你說是在洞穴吊屍體用的。這是你自己想出來的嗎？」被告回答，「是的，小時候玩遊戲的時候，就知道有洞穴這樣的地方。然後我現在想到一件事，警察跟我說過塑膠袋放在洞穴裡面，所以我想，我當時才會說是在洞穴放下的。」依據上述內容，無法判斷被告出於偵查人員的不當誘導，才不得不陳述自己把屍體藏在芋頭洞穴裡。

實際上，上述判斷是為了回應辯護人在辯論時主張，「偵訊人員拿著與搜查結果判斷並無關聯性的事實，任意地連結，想像真凶把屍體吊在芋頭洞穴裡，以此強逼被告自白。」辯護人也多次主張，虛偽自白是偵訊人員的誘導及逼迫下的結果，在這個部分，這些主張都是把傳統的虛偽自白模型當作前提，而這樣的論述前提大抵上是錯誤的。

石川先生表示，說出把屍體吊在芋頭洞穴裡的是自己，法官因此判斷這個自白是可信的。但是，如果用目前我所敘述的虛偽自白過程模型來說，無辜的嫌犯落入自白後，只能一邊隨著偵訊人員的追究，用想像的方式，自發性地把自己當成真凶去敘述自白內容。即便是關於這個芋頭洞穴的事情，石川先生也是因為偵訊人員強硬地將被害人屍體留下的「事後事實」擺在眼前，所以才以此想像怎樣的犯罪經過才能夠說明，然後說出是他把屍體吊在芋頭洞穴裡面。

相反地，如果石川先生是真凶，確實把屍體吊在芋頭洞穴裡面，並在偵訊中自白吐露這件事，那麼當他撤回自白轉為否認，「扮演起冤罪受害者」的時候，要怎麼說明這個狀況呢？無辜者不可能知道真相，所以不是自己講出來，而是受到偵訊人員誘導與脅迫，只能這麼說吧。但是，石川先生並沒有這樣辯解。反過來說，這表示石川先生說「這份自白是自己說出來的」這件事本身，並不是在「扮演冤罪受害者」，而是「說出自己被冤的體驗」。

狹山事件的二審判決（同時也是確定判決），因為不知道無辜者的虛偽自白過程到底是怎麼一回事，所以對石川先生的解釋說明所代表的意義，完全解讀錯誤。實際上，如前所見，被開示的偵訊錄音帶裡面，雖然沒有錄到石川先生說出把屍體吊在芋頭洞穴的部分，但是錄到很大一部分關於在芋頭洞穴吊屍體那個場景的對話。那段錄音記錄著石川先生與偵訊人員持續不斷爭論的場景，彼此說著是這樣、不是那樣的。這捲錄音帶如果在當時就被開示的話，二審判決應該就不會有這樣的判斷吧。

「不知實情的一夥人一起想出來」的袴田先生的解釋說明

偵查機關逮捕案件的真凶、進行偵訊，而如果真凶自白的話，此處的問答，是欲釐清案件的偵查人員（事件的非體驗者）從實際犯案的嫌犯（事件的體驗者）聽取案件內容，大致是這樣的形式。也就是說，沒有親身體驗案件的人，從體驗者那裡知曉體驗的內容，是很理所當然的結構。但是，如果錯誤地逮捕無辜者進行偵訊，致使無辜者落入自白的話，此際聽取自白內容的問答場面就會在奇妙的形式下開展，偵訊人員（事件的非體驗者）讓因為無辜而不知案件情形的嫌疑人（事件的非體驗者）落入自白，並聽取該嫌疑人為了迎合追究，而如同犯人一般講述的內容。也就是說，虛偽自白的過程不過是一群非體驗者互相的問答而已。

清水事件的袴田先生，在提交最高法院的上訴意見書中，也回憶了那段自己經歷的偵訊聽取自白的情境，正是在那樣奇妙的結構下所展開的情況。也就是說，那時候的自白，「不只不合法，更是不知案件真相的一群人，隨隨便便推測編造出來的」，或可說是「不知道本案真相的人們聚集起來，由那群人的腦袋中所產出的空中樓閣。」這裡所謂「不知道本案真相的人們」，乍看好像可以理解為是在指偵訊人員，實際上所謂「不知道真相的人們」，也包括袴田先生本身。

在那份上訴意見書中，有一段非常耐人尋味的描述。在這個案件中，被認定為凶器的一把小刀，尖端是損壞的，這被認為是因為本案才產生損壞。但是，自白筆錄中沒有提到這一點。關於此事，袴田先生寫道：

> 問題是，製作筆錄的偵訊人員與被告，並不知道在本件中是在刺殺誰的時候刀尖損壞了。換言之，這是**非真凶的一群人集合起來，一起虛構、偽造**出的筆錄內容，而前述小刀尖端，是什麼時候在哪裡損壞的，並沒有具體敘明。

袴田先生所謂的「非真凶的一群人集合起來」，其中也包含他自己。從袴田先生的角度來看，自白後犯罪經過被製作在筆錄裡的這個場景，正是字面上的「非真凶的一群人集合起來，一起杜撰筆錄」的情境。如果是沒有冤罪體驗的人，能夠如此精確地呈現出聽取自白時這個奇妙的型態嗎？袴田先生所謂無辜者的虛偽自白是這樣的狀況，是由自己的親身經歷所得知的。

乍看是不可思議的辯解，其實是訴說冤罪的體驗

偵訊中自白的人，若在審判中轉向否認，就會被質問在偵查階段所做的自白筆錄，何以能夠清楚交代犯行？這時，如果回答因為受到偵訊人員單方面的誘導或強迫才自白，還會被認為有此可能。相反地，如果回答犯罪經過的一部分是自己想出來的，或是在偵訊人員的逼迫下一起想出來的，很多人應該會覺得這種辯解很不可思議，反而會認為這是真凶自白的證據。或者是被質問為什麼在現場模擬時能夠正確指路、找到物品，回答「猜到的」、「努力找到了」的話，很多人會覺得這又是奇怪的藉口，而只能說出那樣奇怪的藉口，正是有罪的證據。但是，會這麼想正是被過去錯誤的虛偽自白模型所束縛了。

如果依據本書所述的新型態虛偽自白過程模型進行檢驗，我們可以發現，這樣奇怪的解釋正是冤罪的體驗，是完全依照其體驗與記憶所敘述出來的內容，也從而辨明了那個人的無辜。

日本的刑事審判，現在也持續發生很多冤案，那些錯誤沒有被糾正，重複著這些

沉重的不幸，一層一層累積著。而在此種狀況的背後，關於無辜者的虛偽自白，是壓倒性地不被理解的。

結語

為了斷絕冤罪的深根

不了解虛偽自白，便無法看穿虛偽自白

面對一份在偵訊室中訊問出來的自白，如果想要分辨那是真凶真實的自白，還是無辜者的虛偽自白，就必須先正確地了解什麼是虛偽自白。雖然這個前提是理所當然的，但是從至今為止的誤判案例來看，數不清的案例都不得不讓人覺得是因為不知道這個前提，所以才會下了錯誤的判斷。

如果用自然科學來舉例，譬如說「金」這種金屬在物理和化學性質上是怎樣的東西呢？與「金」很相似的金屬是怎樣的東西呢？其物理和化學上的性質與真正的「金」有什麼樣的差別呢？如果不能正確地區別它們，那麼，只要看到閃閃發光、發出金黃色光芒的金屬，就會誤以為那就是真正的「金」。同樣的道理，區別真金與假貨的大前提，是正確地掌握那些像「金」的金屬在物理和化學性質上究竟為何。同樣地，為了正確地判斷自白的任意性及信用性，首先在記錄層面上，就必須正確地掌握無辜的人是經過什麼樣的過程說出虛偽自白。

這件單純的事情，在日本的刑事審判裡，至今仍然是一個很大的課題。實際上，裁判員制度開始後，對於其適用案件，已規定偵訊時必須錄音錄影，因此，用來判斷自白真偽的素材，遠比過去還要來得多、且能夠將當下場景真實地呈現在審判者的面前。但是，這些做判斷的人仍未能夠擺脫過去的印象，認為虛偽自白是嫌犯被偵訊人員強行逼迫說出的東西，而只接收到錄音錄影畫面中，擷取一小部分落入自白後的偵訊場景，其中嫌犯比手畫腳，乍看之下像是「自發性地」自己說出犯罪內容的樣子，就像看到閃閃發光的金屬，單憑它閃閃發光就判斷它是「金」一樣，憑著直覺印象就認為那是真凶真正的自白了。

為了防止「危險裁判」持續發生

如此令人感到憂心的事件持續不斷地發生。就在最近，透過新聞得知，一件求處死刑的重大案件在裁判員審判中被判了死刑。在該案中，被告不斷地主張無辜，而且，也沒有能夠直接證明被告就是真凶的證據，有罪的舉證是用各種情況證據堆砌而成的。因此，最大的爭點在於被告的自白。特別是被告在被逮捕前後，於偵訊室承認犯行的錄音錄影，其任意性、信用性成了問題焦點。

法院認為被告的自白具備信用性的理由，新聞報導如下（《朝日新聞》，二〇一八年三月二十三日早報）：

（該判決認為，從情況證據中）「得肯認被告為真凶之高度嫌疑。」

在此基礎上，檢討在法庭上播放的偵訊時自白是否具信用性。以「並沒有看到警察採取高壓態度或是嚴厲追問的場面」、「其供述是夾雜著手勢和肢體動作的自發性陳述，且與現場客觀狀況一致」等理由肯認其信用性。

這個案件的狀況是，雖說能夠在錄音錄影中看到被捕前後的自白情形，但實際上，被告在那之前已經在任意同行的情況下多日被反覆地訊問。僅憑其後自白過程中擷取的一段錄音錄影，說被告「夾雜著手勢與肢體動作」、「自發性地」自白，而判斷被告就是真凶，這是多麼危險的一件事，應該不用我再重述一遍。

我本身沒有參與這個審判，所以並不知道詳細狀況。但是，法官及裁判員大概是用過去傳統型單純的虛偽自白的印象，去判斷被告的自白不是虛偽自白的吧。如果他們知道虛偽自白實際上並非如此，並順著本書所詳述的虛偽自白過程，以此做為檢驗基礎的話，真的還能夠下一樣的判斷嗎？

說到虛偽自白，至今仍有不少人的印象是偵訊人員用強迫的方式讓被告「被發言」。如此簡單草率的想法，正是冤罪的根源。這個根源非常單純卻根深柢固。為了斷絕這樣錯誤的根源，我們必須持續使用具體案例，透過層層分析，多方面不斷地討論。

肯認供述心理鑑定的裁定

所幸，現在心理學者參與其中的刑事裁判案例一點一點地增加了。在法律實務的世界裡，想要以心理學者的供述鑑定做為事實認定加以活用的人，以律師為中心正在增加，也有一些法官開始做出肯認的見解。譬如說，做出大崎事件開始再審裁定的鹿兒島地院法官，如第一章所見，裁定肯認心理學上的供述評價是「針對供述本身的科學性分析」，關於其分析結果，在與裁判員一起討論供述的信用性評價時，可以做為「共通的基礎或是一種方法」。這是非常適當的評價，但是對此，檢方提起抗告，質疑心理學上的供述評價是否是「科學性」的，而審理即時抗告的法官也肯認了檢方的質疑。

的確，如果腦袋中所想的是自然科學般的「科學」，認為那樣的科學才是「科學」的話，那麼，供述心理學可能就不會是「科學」。另外，心理學者之中雖然也有想與腦生理學等學科合作，以自然科學的樣貌去構築心理學的人，但是，至少供述心理學並不是以那種自然科學式的「科學」為目標。不過，以促進對於人類現象的合理判斷，成為判斷支柱的「科學」而言，這樣的樣貌並無不同。

目前為止，在刑事審判的事實認定中被要求的科學鑑定，幾乎都是關於物證的自然科學鑑定。相對於此，自白這種以人的語言所構成的證據，能夠透過所謂自然科學方法來處理的範圍相當有限。實際上，我在本書所鋪陳的討論，與自然科學鑑定在本質上幾乎是完全不同的。但是，所謂「科學性的方法」，當然也不限於自然科學領域，也應該涉及人文科學領域。而心理學正是用科學途徑探討人類現象而發展出來的科學。的確，也有以心理學為名，進行一些包含幾乎不是科學的「擬制心理學」的事情，我們必須對此有所警戒。不過，即便如此，也不應排除致力於認真「做科學」的心理學。

供述心理學是什麼樣的「科學」呢？

所謂自然科學，其目標在於脫離人類的主觀，站在「客觀的角度」以找出自然現象的「規則」，「解釋」自然現象、並「預測」未來。相對於此，供述心理學做為一門科學，要以陳述人在某個脈絡下所為供述為標的，從當事人的「漩渦中的觀點」出發去「理解」，以尋求「了解」這種人類現象。所以，要去預測那個人接下來會做什麼樣的供述，這樣將來性的預測有其限制存在，但是至少對於過去所發生的事情，這個人說什麼、為什麼這樣說、怎麼說的，能夠在理解這些事情之後，提供重要的知識及意見。

此外，同樣以「科學」之名稱呼這兩者，並不是我的恣意決定或一時興起，而是立基於科學的基本架構：針對現象建立假說，透過假說的驗證得出結論。以自白的情形而言，就是將特定人針對過去事件、在特定脈絡中做成自白的過程當作標的，使用在該過程中記錄下的文字、錄音錄影資料，比對、檢驗有罪假說與無辜假說。也就是說，那個自白過程，是否實際上體驗了我們所關注的焦點，是該犯罪行為體驗者所做的敘述（有罪假說），抑或非體驗者與偵訊人員共同合作想像出來的敘述（無罪假說），正確地判別這兩者是供述心理學這個科學的課題。

刑事偵查中，記錄自白過程的資料包括文字、錄音錄影，合起來是非常龐大的數量。使用如此大量的資訊，檢驗有罪假說還是無辜假說會成立？也就是二者擇一的問題。這樣的判斷，比起自然科學要說明、預測各式各樣的自然現象，應該來得容易許多。但是問題在於，關於自白的供述，是否可以提出明確指標以辨別體驗者與非體驗者的性質？譬如說，如果存在本書中反覆提到的「祕密的暴露」，可以顯示出此為體驗者性質的供述。反之，倘若有「無知的暴露」或「逆向建構」，則彰顯了供述具有非體驗者的性質。只要我們能夠正確地追溯前述所導出的邏輯，這樣就可以確實地得到正確的結論。在這層意義上，說這個判別方法是具「科學性」的，應該沒有任何的不妥。

關於自白的無辜假說檢驗

刑事審判本來應該是以檢方的有罪舉證是否完整為主軸進行審理，並在舉證存在「合理懷疑」時，宣判無罪。這裡存有非常重要的法律理念，也就是被告及辯護人毋庸證明己方的無辜。但是，這樣檢驗單方的審理構造，實務操作上卻與前述理念相反，造成了難以得出無罪判決的結果。

這裡如果代入有罪假說與無辜假說來對比的話，那麼「有罪舉證是否達成」這個部分就是有罪舉證的檢驗，而其舉證是否達到合理懷疑的部分，就是無辜假說的檢驗，但此處有無合理懷疑的判斷如果太過隨便，那麼，無罪假說的檢驗就會變得有名無實，造成容易偏向有罪假說的危險性。以自白的判斷來說，（法院）在判斷自白的任意性與信用性時，只從自白是否能採為有罪證據的觀點檢驗；反之，即使指出自白中的變化、矛盾、漏洞或有不自然之處，如果程度輕微，則不會認定「有合理懷疑」，而以即便是真凶的自白也會「因為涉及人的內心世界而有各種狀況」草草結案。事實上，就稱不上是正面檢驗了無辜者可能虛偽自白的這個假說。

實際上，如本書不斷重複提到，無辜者虛偽自白的時候，其敘述中會悄悄地留下關於該事件「體驗者不會知道的事情」的痕跡。我就是站在這個角度，譬如說清水事件第一次聲請再審時的鑑定裡，提出了「自白會證明無辜」的論理。對我來說，那是一個符合邏輯的結論。但是，最高法院於該特別抗告審的裁定中，並沒有追溯我這個論點的邏輯，而僅將結論部分截取出來，論斷「只能說論理過於跳躍」。這也是日本刑事司法的現實。

面對這樣的現實情況，要使本書所提示的供述分析滲透到法實務界，讓大家認可該分析手法是解讀虛偽自白的重要方法，可能還需要很多的時間。但是不管怎麼樣，我對於這條路終有一日會廣為敞開，抱持著樂觀的態度。

後記

完成本稿後，關於本書所提到的兩件再審案，法院做成了完全相反的裁定。一個是清水事件。靜岡地院在四年前就裁定開始再審，同時也解除了袴田先生人身拘束，這是一個劃時代的判斷，但檢方即時抗告，對此東京高院於六月十一日裁定撤銷地院的裁定。所幸該裁定沒有再度關押死刑犯袴田先生，但是再審是否開始的判斷委由最高法院，使得時程再度延後。

另一個是日野町事件。阪原先生聲請再審，打算賭一次，卻依然以無期徒刑受刑人的身分病逝獄中。其後，由遺屬繼續提起第二次再審聲請，對此大津地院在七月十一日肯認聲請理由裁定開始再審。這據說是史上第一次肯認無期徒刑受刑人的死後再審。但是，關於該裁定，檢方也同樣提起即時抗告，戰場移到大阪高院，實際再審到底什麼時候才開始，遙遙無期。

對於我所提出的鑑定書，兩個法院所做的判斷也是完全相反的。日野町事件的開始再審裁定表面上並沒有提及供述心理鑑定，但是關於確定判決決定性的證據，也就是現場鑑識結果，該裁定的判斷在事實上肯認了其中有「聰明漢斯」的效果，顯現裁定正確地理解了虛偽自白過程。相對地，清水事件撤銷開始再審決定的裁定裡，雖然看起來提到了我的供述心理鑑定，實際上卻是完全盲信檢方的反對意見，抓著鑑定裡的小辮子不放，從裁定內容來看，我甚至不覺得法院有看懂鑑定書。

自刑事訴訟法專家平野龍一評論「我國的刑事審判令人相當絕望」之後，已經過了三十年。在這三十年間，日本進行了各式各樣的司法制度改革，然而「絕望」的狀況仍然沒有太大的改變。問題的根源相當的深，輕微的改革並無法改變這根深柢固的情況。但即便如此，我們還是不能輕易絕望。

在這裡，我想再次引用十七年前我所寫的《自白心理學》中提及廣津和郎所說的話：「堅強地忍耐，執著信念，不輕易悲觀，也不隨意樂觀。」

執筆本書期間，承蒙足利事件辯護團的佐藤博史律師、名張事件辯護團的小林修律師、狹山事件辯護團事務局的安田聰先生、前袴田事件辯護團的田中薰律師、日野町事件辯護團的石側亮太律師幫忙校對，並提供必要的資料。對於各位律師，我想對他們的辯護活動表示敬意，也非常感謝他們對本書的協助。同時，岩波新書編輯部的島村典行先生在編輯上給我非常多的建議，在此由衷感謝。

二〇一八年七月二十一日

濱田壽美男

解讀「虛偽自白」
無辜者為何會承認犯下罪行？心理學家解析錯誤自白形成的過程及其矛盾心理

KYOGIJIHAKU WO YOMITOKU
by Sumio Hamada
© 2018 by Sumio Hamada
Originally published in 2018
by Iwanami Shoten, Publishers, Tokyo.
This complex Chinese edition published 2023
by Rye Field Publications, a division
of Cite Publishing Ltd., Taipei City
by arrangement with Iwanami Shoten,
Publishers, Tokyo through AMANN CO., LTD.

解讀「虛偽自白」：無辜者為何會承認犯下罪行？心理學家解析錯誤自白形成的過程及其矛盾心理／
濱田壽美男著；李怡修、洪士軒譯.
. 一 初版. 一 臺北市：麥田出版：
英屬蓋曼群島商家庭傳媒股份有限公司城邦分公司發行，2023.09
面； 公分
譯自：虚偽自白を読み解く
ISBN 978-626-310-499-0（平裝）
1.CST: 證據 2.CST: 刑事偵查 3.CST: 犯罪
586.61 112009474

封面設計 許晉維
印 刷 漾格科技股份有限公司
初版一刷 2023年9月

定 價 新台幣380元

I S B N 978-626-310-499-0
E I S B N 9786263105294（EPUB）
Printed in Taiwan
本書如有缺頁、破損、裝訂錯誤，請寄回更換

作 者 濱田壽美男
譯 者 李怡修 洪士軒
責任編輯 林如峰
國際版權 吳玲緯
行 銷 闕志勳 吳宇軒 余一霞
業 務 李振東 陳美燕
副總經理 何維民
編輯總監 劉麗真
發 行 人 凃玉雲

出 版
麥田出版
台北市中山區104民生東路二段141號5樓
電話：(02) 2500-7696 傳真：(02) 2500-1966
網站：http://www.ryefield.com.tw

發 行
英屬蓋曼群島商家庭傳媒股份有限公司城邦分公司
地址：10483台北市民生東路二段141號11樓
網站：http://www.cite.com.tw
客服專線：(02)2500-7718; 2500-7719
24小時傳真專線：(02)2500-1990; 2500-1991
服務時間：週一至週五09:30-12:00; 13:30-17:00
劃撥帳號：19863813 戶名：書虫股份有限公司
讀者服務信箱：service@readingclub.com.tw

香港發行所
城邦（香港）出版集團有限公司
地址：香港灣仔駱克道193號東超商業中心1樓
電話：+852-2508-6231 傳真：+852-2578-9337
電郵：hkcite@biznetvigator.com

馬新發行所
城邦（馬新）出版集團【Cite(M) Sdn. Bhd. (458372U)】
地址：41, Jalan Radin Anum, Bandar Baru Sri Petaling, 57000 Kuala Lumpur, Malaysia.
電話：+603-9057-8822 傳真：+603-9057-6622
電郵：cite@cite.com.my